Plato Critias

**Briefe (über die syrakusanische Staatsrevolution)**

Nebst einer historischen Einleitung und Anmerkungen von J.G. Schlosser

Plato Critias

**Briefe (über die syrakusanische Staatsrevolution)**
*Nebst einer historischen Einleitung und Anmerkungen von J.G. Schlosser*

ISBN/EAN: 9783743623408

Hergestellt in Europa, USA, Kanada, Australien, Japan

Cover: Foto ©ninafisch / pixelio.de

Weitere Bücher finden Sie auf **www.hansebooks.com**

# Plato's
# Briefe

nebst einer

historischen Einleitung und Anmerkungen

von

## J. G. Schlosser.

———————

Königsberg,
bey Friedrich Nikolovius,
1795.

# An Claudius.

Du bist in Deiner populären Laune immer so edel, und oft so erhaben, daß es ein Wunder seyn müßte, wenn Du kein Freund des Plato wärst. Ich widme Dir also hier eine Uebersetzung seiner Briefe. Ich weiß, daß Du sie auch griechisch lesen kannst; aber das Deutsche pflegt uns doch geläufiger zu seyn. Auch wird Dichs freuen, daß unsre Lands-leute zumal jetzt diese Briefe lesen können. Denn, da der weise Grieche uns räth, mit unsern Obern, wenn sie sich durchaus nicht rathen lassen wöllen, zufrieden zu seyn, wie Gott sie giebt, und da es auch nicht so leicht abgeht, wenn man mit ihnen nicht zufrieden ist, wie er sagt, und wie uns täglich die Zeitungen aus Westen berichten; so ist zu hoffen, daß unsre guten Landsleute, wenn sie diese Briefe lesen, den Freyheits = Predigern ihren Abschied zu geben geneigt seyn werden; und hoffentlich werden doch diese nicht wie die Spanier in Amerika gethan haben, ihren Glauben mit Feuer und Schwerdt ausbreiten wollen. Wir können also wohl bald wieder unter unserm Traubenstock sitzen, und hoffen, daß wir den Sitz, den wir uns da so gut wir konnten, angerichtet haben, auch un= serm Kindern hinterlassen können. Giebt dann Gott denen einen Freund dazu, wie ich an dir und an andern wenigen einige habe; so wollen wir den Himmel weiter nicht mit Wünschen bemühen, sondern zu= frieden seyn, wenn seine Bewohner dann und wann in der Stunde der Andacht mit uns zu reden, sich herablassen.

Carlsruh, am Tag aller
    Seelen 1792.

               Schlosser.

# Neue Vorrede
## zur zweyten Ausgabe.

Die Briefe Plato's sammt der Zuschrift an meinen Freund Claudius, einem Vorbericht und einer historischen Einleitung habe ich in dem Jahr 1793 in das philosophische Journal, welches damals zu Giesen herausgekommen ist, einrücken lassen. Dieses Journal hat gleich mit dem ersten Jahr aufgehört, und ist in weniger Leser Hände gekommen; auch hat die Verstückelung meiner Arbeit ihrem Gegenstand vieles an seinem Interesse benommen. Mir scheinen indessen doch diese Ueberbleibsel des dichterischen Denkers, der in seinem Zeit-

älter einzeln steht, ohne Nebenbuhler,
werth, von mehrern gelesen zu werden, und
ich hoffe, man wird es nicht ungern sehen,
wenn ich nun diese Briefe, und das, was
ich zu denselben setzte, und über dieselben
sagte, so unvollkommen auch meine Arbeit
ist, zusammengedruckt erscheinen lasse.

Diese Arbeit fiel in eine Zeit, in welcher die französische Staatsveränderung auf
viele, auch sonst gutgesinnte Deutsche, einen besondern Eindruck machte. Die Unternehmungen dieses Volks schienen manchen sehr ehrwürdig, und weder die
Stürme, in welchen dieses Volk herumgeworfen wurde, noch die Verbrechen, mit
welchen es jeden Tag bezeichnete, noch die
Drangsale, welche es abermals unserm Vaterland anthat, nichts von dem allen konnte
bey diesen zweydeutigen Menschenverbesse-
rern den Wunsch unterdrücken, daß der
Geist, der dieses Volk triebe, allgemein
werden möge.

Bey diesen Gesinnungen soll hier und
da, wie man mir zu verstehen gegeben hat,

das, was Plato über das Verhalten des
Weisen bey großen Bedrückungen der
Staats-Obern in seinen Briefen sagt, wenig Beyfall gefunden haben, und er selbst
soll von vielen als ein Vertheidiger des
leidenden bürgerlichen Gehor-
sams in eine Classe von Schriftstellern
geworfen worden seyn, deren er gewiß,
und auch ich — so weit ich von ihm ab-
stehe — sich nicht wenig schämen würde.

Die politische Frage von dem leidenden
Gehorsam gegen die Regenten ist, zumal in
dem vorigen Jahrhundert, und zu Anfang
des jetzigen so lebhaft, aber auch so langweilig, und so im Geist der Casuisterey un-
tersucht, bejaht und verneint worden, daß
ich eben so wenig Gedult habe, die Gründe
für einen Theil oder den andern zu sammlen, als meine Leser Langmuth haben würden, sie zu lesen. Mißverstandene Stellen
der heiligen Schrift und erzwungene Gründe
der Moral waren die Waffen, deren sich
beyde Theile bedienten, und keiner von beyden beruhigte das Gewissen, beschweigte

a 4

die Empfindungen, oder gnügte dem gemeinen Sinn.

Mir scheint diese Frage eine doppelte
Seite zu haben. Betrachtet man sie von
der Seite des Rechtes im engern Verstand,
so kann es nur den schlechtesten der Menschen einfallen, in ihrer Entscheidung un-
gewiß zu seyn; und das machte eben diese
Streitigkeit so langweilig, daß man immer
diese Frage von der Seite des Rechts be-
trachtete. Betrachtet man sie aber von der
Seite der moralischen Pflichten, so sehe ich
schlechterdings nicht, wie sie im Allgemeinen entschieden werden kann. Durch eben
die That, mit welcher der alte Brutus sein
Vaterland auf Jahrhunderte hinaus groß
und glücklich machte, stürzte der jüngste
Brutus das seine in ein unübersehliches
Elend; und wer kann berechnen, ob Aristo-
giton, Timoleon, Dion, und alle die
Häupter großer Staatsveränderungen, den
Dank oder den Fluch ihrer Nation verdient
haben? Was die Häupter der gallischen verdienen, ist wohl nicht sehr zweifelhaft!

Wenn die Folgen einer Handlung ganz
allein auf den Handelnden Einfluß haben,
mag er immer, um großer Zwecke willen,
auch wenn diese nicht ganz sicher sind, großes Leiden übernehmen; aber wenn der
Zweck meiner Handlung zugleich andere
Menschen betrift, dann muß ich nicht allein
von der Vortrefflichkeit meines Zweckes un-
widerleglich überzeugt seyn, sondern ich
muß auch höchst wahrscheinlich gewiß wissen, daß ich ihn ganz erreichen kann, und
daß er nicht blos nach meiner Stimmung,
oder nach meinem Charakter, oder meiner
individuellen Denkungsart, sondern daß er
nach dem gemeinen Menschengefühl, oder
wenigstens nach dem Charakter und den Gesinnungen derjenigen, für die ich arbeite,
alles Leiden und alles Elend versüßen und
ersetzen kann, welches die Mittel, deren ich
mich bedienen muß, oder die Erreichung
meines Endzwecks selbst nach sich zieht.

Wenn ich mich nicht sehr betrüge, so
dachte Plato nach diesen Grundsätzen. Die
Lage, worin Syrakus sich zu Dions Zeiten
befande, die Sitten und die Lebensart des

Volkes, das diese glänzende schwelgerische
Stadt bewohnte, und das weder Freyheit
noch Sklaverey tragen konnte, sondern was
nur mit Muth, mit Kraft, mit Verleug-
nung erworben und erhalten werden kann,
mit unmächtigen Wünschen erhaschen wollte,
das schien offenbar dem Philosophen nicht
zu der Staatsverbesserung, die sein Freund
vorhatte, geschickt, und deswegen nicht,
weil er den leidenden Gehorsam für gut und
pflichtmäßig hielte, sondern blos wegen dieser Lage der Umstände, und wegen dieser
Nichtswürdigkeit des Volks rieth er ihm
von seiner Unternehmung ab, blos deswegen ermahnte er die Freunde Dions, mit
der Partey der alten Regierung Friede zu
machen, blos deswegen zog er selbst in
Athen sich von allem zurück, was auch gute
Bürger in Athen zur Verbesserung der Verfassung wünschten und riethen. Durch dieses alles hat er also nicht dem leidenden Gehorsam das Wort reden wollen; sondern er
wollte nur die Schranken bezeichnen, in
welchen sich der Weise halten muß, wann
entweder lärmende Dämagogen, um, wie
Tacitus sagt: die Regierung zu stürzen, die

Freyheit vorschützen, und dann diese selbst unterdrücken, sobald sie jene in den Staub getreten haben; oder wenn verwegene Philosophen ihr phantastisches Ideal von einer Regierung des goldnen Zeitalters auf das spröbeste des eisernen anwenden wollen; oder wenn die Sitten des Volkes selbst so gesunken, so verdorben sind, daß es keine Kraft mehr hat, sich selbst zu halten.

So sehr aber Plato unter solchen Umständen gegen alles unweise Rütteln und Stoßen eines Gebäudes, dessen Sturz nur unbewohnbare Ruinen und nicht einmal mehr Stoff zu einem neuen ahnden läßt, sich erklärte; so entscheidend er in dem Fall, wann der Druck erträglicher ist, als der Gegendruck, den leidenden Gehorsam empfiehlt; so männlich erklärt er sich hingegen wider den thätigen Gehorsam, da, wo nur Egoismus, Unverstand, Leidenschaft und Schwäche das Staatsruder in der Hand hält, und kein Ohr dem guten Rath, kein Auge dem Zerfall des Staats sich öffnen will, und in diesem Betracht steht er in meinen Augen sehr weit über den Demagogen, die ihn tadeln.

Warlich, die meisten dieser Bürger=
freunde vom Menesteus an, welchen Plu=
tarch für den ersten hält; die meisten von
diesen After=Patrioten predigten und predi=
gen noch nur deswegen so sehr gegen den
leidenden Gehorsam, weil die Regierung
ihren thätigen Gehorsam nicht theuer genug
bezahlen konnte oder wollte. Die meisten
von ihnen würden um Rang, Stand, Geld,
Gunst, von den Großen eben so lebhafte
Vertheidiger der unumschränkten Gewalt
geworden seyn, als sie nun für die unum=
schränkte Freyheit zu kämpfen sich das An=
sehn geben; oder, würden sie sonst den
Adel und alle höhere Stände so innig has=
sen, da, wenn sie das Gute ohne Eigennutz
suchten, sie über ihre Anmaßungen nur la=
chen könnten? Würden sie sonst dem Pöbel
noch knechtischer und abgeschmackter schmeich=
len, als es je ein Regent von seinem Mini=
ster, und ein Minister von seinem Galopin
gefordert hat, oder ertragen hätte!

Da nun Plato zu edel war, diesen thä=
tigen Gehorsam, sey er dem Monarchen
oder sey er dem Pöbel verkauft, zu billigen;

und zu weise, einen thätigen Widerstand da
zu rathen, wo keine Aussicht zum Bessern
übrig ist; so blieb ihm nichts übrig, seinen
Freunden anzurathen, als die Unthätigkeit, zu welcher er sie ermahnte, und in
welche er sich selbst zurückgezogen hatte.

Vor den ächten Politikern kann also,
dünkt mich, Plato diejenigen Grundsätze
hinlänglich verantworten, die er in diesen
Briefen darlegt; aber wie er sich vor dem
Areopag unsrer neuen deutschen Philosophen, die den Bind- und Löseschlüssel der
Wahrheit, den, wie es scheint, der Genius
des Menschensinns nicht sorgfältig genug
bewahrte, an sich gerissen haben, wie er
vor diesem seine Philosophie vertheidigen
kann, das weiß ich nicht! So viel, dünkt
mich, kann er indessen doch für sich anführen, daß sein Gesichtskreis sich viel weiter
ausbreitete, daß sein Geist und sein Herz
mit wenigem nicht zufrieden war, und daß
er in einem Zeitalter lebte, in welchem die
spekulirenden Philosophen erst versuchten,
wie weit sie sich auf ihren eignen Schwingen empor zu heben vermöchten. — Wie

hingegen ſind in ein Zeitalter gefallen, in welchem die Philoſophen, weil ſie fühlen, daß ſie mit eignen Flügeln nie hoch fliegen, mit eignen Augen nie weit ſehen können, und doch das Fliegen und Selbſtſehen nicht aufgeben wollen, ſich lieber mit Fledermausflügeln und Fledermaus-Ausſichten genügen laſſen. Bey ſo widerſprechenden Grundſätzen wird alſo der griechiſche Philoſoph ſich vor den deutſchen Philoſophen ſchwerlich rechtfertigen können.

Endlich aber ſollte auch vielleicht ich ſelbſt mich noch rechtfertigen — nicht deswegen, daß ich eine Arbeit unternommen habe, welcher meine Kräfte nicht ganz gemäß ſind; denn ich wage nur einen Verſuch — ſondern deswegen, daß ich dieſe Briefe gegen die Meinung eines neuen philoſophiſchen Critikers für ächt platoniſche Arbeit angebe.

So viel ich weiß, iſt die Aechtheit dieſer Briefe überhaupt nur noch von Herrn Meiners in deſſen Iudicium de quibusdam Socraticorum reliquiis unter den

Abhandlungen der Göttinger Societät der
Wissenschaften von 1783 bestritten worden,
und nur einige will Herr Tiedemann in seinem reichhaltigen Werk über die speculative
Philosophie der Alten ebenfalls verwerfen.
Seit Cicerb's Zeiten findet man aber die
meisten, wo nicht alle die dreyzehn Briefe,
deren Diogenes gedenkt, bald hier, bald
da von den besten Schriftstellern angeführt,
und Herr Tennemann hat in seiner Abhandlung von der Lehre der Socratiker über die
Unsterblichkeit, und in seinem Werk über
die Platonische Philosophie, zu vielen Zeug-
nissen, welche Fabricius in Bibl. gr. L.
II. Cap. 10. 11. beybringt, noch manche
andre gesetzt, auch eben daselbst die Aechtheit dieser Briefe gegen Herrn Meiners,
wie mich dünkt, sehr überzeugend gerettet.
An dem dreyzehnten Brief der gewöhnlichen
Sammlung, welcher nebst dem sechsten eben
dieser Sammlung schon ehemals wenigstens
zum Theil einigen Zweifeln ausgesetzt worden ist, und an dem eilften habe ich bey
der ersten Ausgabe dieser Uebersetzung selbst
einige Anstände gefunden. An diesem
zweifle ich in der That auch noch, jenen

aber halte ich nun auch für ganz ächt. Da
Plutarch nicht allein aus dem erſten Theil
dieſes Briefes die Empfehlung des Helikon
anführt, ſondern auch aus deſſen zweyten
Theil des Umſtandes gedenket, daß Plato
den Dion ſondiren wollen, und daß dieſer
die Abſicht des Tyrannen ſehr übel aufzunehmen geſchienen habe. Ich habe deswegen nun auch dieſen Brief in dieſe neue
Ausgabe aufgenommen. Zwar iſt es mir
noch immer, daß er ſich gegen die Uebrigen
nicht zum Beſten ausnehme, und daß die
Küchen- und Keller- und Geldſachen, be-
ren er erwähnt, wenig Intereſſe geben können. Allein ſelbſt durch dieſe unbedeutende
aber ganz individuelle Verhältniſſe wird,
wie mich dünkt, die Aechtheit dieſes Briefs
ſelbſt durch ſeinen Inhalt gerechtfertigt;
denn ſolche Dinge erfindet man nicht. Und
wer ſollte ſie erfunden haben? Ein Feind
des Plato würde ihm mehrere Blößen, und
ein Freund mehr Glanz gegeben haben.
Und ſo ſcheint mir überhaupt die Einſicht
aller dieſer Briefe die beſten Beweiſe für
ihre Aechtheit zu geben. Wenigſtens wird
man, ehe man ſie geleſen hat, weder die

Gründe, die für sie anzuführen sind, noch
was man gegen sie sagt, wohl verstehen
können. Ich werde deswegen auch da, wo
es mir nöthig scheint, beyder in den Anmerkungen gedenken.

Außer dem eben gedachten dreyzehnten
Brief habe ich nun auch noch den zwölften
übersetzt, welchen ich, weil er in der That
höchst unbedeutend, und wenn man das
Buch, dessen er gedenkt, nicht kennt, nicht
zu verstehen ist, bey der ersten Ausgabe
weggelassen hatte. Es ist dieser Brief
offenbar eine Antwort auf ein Schreiben
des Archytas, und Diogenes führt unter
dem Artikel Archytas auch dieses Schreiben
an. Aber selbst Archytas Brief hat nur
durch ein Wort auf Plato's Schreiben Bezug, und erklärt außerdem gar nichts.
Doch habe ich in den Anmerkungen auch
den Brief des Archytas beygesetzt.

Uebrigens habe ich in der Hauptsache
nichts, was in der ersten Ausgabe steht,
weggelassen; nur sind, wie natürlich ist,
die Druckfehler, die in diese eingeschlichen

b

sind, verdessert worden, und auch manches habe ich in der Uebersetzung selbst nun verändert, und verschiedene Anmerkungen habe ich noch beyzufügen für nützlich gehalten.

Anspach, den 1sten Jul.
1795.

Schlosser

# Vorbericht

## der ersten Ausgabe.

---

In der Zeit, in welcher alle unsre Philosophen groß und klein die Hand an die Bande der bürgerlichen Gesellschaft legen, und sie so fein spinnen, daß sie kaum mehr eine Academie des sciences zusammen halten können, in der Zeit ist es wohl sehr verwegen, die Frage aufzuwerfen: Ob die Philosophen überhaupt sich mit der Einrichtung der Staats-Maschine abgeben sollen? Demungeachtet scheint mir diese Frage von großer Wichtigkeit. Denn, so schön der alte,

b 2

den Philosophen so ehrenvolle Ausspruch lautet: daß die Welt nicht gut regieret werden könne, bis die Könige Philosophen, oder die Philosophen Könige würden; so kann man denn doch auch Beyspiele aufweisen, welche den auch alten Ausspruch des Dio Cassius bestätigen, daß die Philosophen sich es zum Geschäft gemacht zu haben scheinen, alles was die Großen im Staate thun, herabzuwürdigen; das Volk im beständigen Taumel zu halten; alles was steht zusammen zu werfen, und aus dem zusammengeworfenen immer wieder etwas Neues herauszubringen. *)

Bey so verschiedenen Urtheilen über den Einfluß der Philosophen in die Staatsverfassung und ihre Verwaltung, scheint es mir indessen, da selten zween kluge Männer sich geradezu widersprechen können, sondern ihr Widerspruch immer irgendwo bey einer Wahrheit sich begegnet, daß das Lob der einen dieser Sentenzen, und der Tadel der andern, beyde nicht von dem, was man überhaupt Philosophie nennt, zu verstehen seyn mögen; sondern daß jene von der wahren, diese aber von der falschen Philosophie spreche.

Daß ein solcher Unterschied bey der Philosophie möglich sey, darin kommen wir wohl alle

*) L. XVI. C. 12.

überein; welche Philosophie aber zu jener, und welche zu dieser Classe gehöre? darüber hat es von jeher sehr verschiedene Meinungen gegeben.

Ich müste ungleich mehr Zutrauen zu mir selbst haben, als ich wirklich habe, wenn ich mich unterstehen wollte, hier einen Ausspruch im Allgemeinen zu thun. Aber dennoch dünkt mich, daß, wenn man die Natur und den Zweck der Politik neben die Grundsätze der Hauptsekten der Philosophen hält, wenigstens so viel abzunehmen seyn werde, welche dieser Sekten am ersten geschickt scheine, sich mit der Staatskunst abzugeben, und neue Regierungsplane zu entwerfen? Denn daß die Alten nicht mehr recht Beyfall finden, das sehen wir alle Tage!

Wenn ich nun die Philosophen unsrer Zeiten classifiziren sollte; so glaube ich, kann ich wohl mit Recht drey Classen, versteht sich von Erdephilosophen annehmen; denn von den mystischen Philosophen, die mit den himmlischen Geistern schriftlich und mündlich noch hier und da eben so correspondiren sollen, wie die alten Heiligen und Unheiligen bis auf die Zeiten des Alexius Comenus correspondirt haben, von diesen kann hier die Rede nicht seyn; ob ich gleich glaube, daß diese die beste Staatsverfassung erfinden würden, wenn sie die Aechtheit ihrer Correspondenz zu beweisen im Stand, und dabey auch

solche Leute wären, mit denen die himmlischen
Geister umzugehen wahrscheinlich der Mühe
werth achten könnten. *)

Die Eintheilung der Erde-Philosophen in
drey Classen scheint mir nun sich darauf zu grün-
den, weil ich sehe, daß zwey Schulen, die nun
ziemlich das große Wort führen, den Menschen
in zwey Stücke zu theilen pflegen, von welchen
sich jede eins herausnimmt, das sie dann, als
den ganzen Menschen, hinstellt.

Die erste dieser Schulen nimmt sich blos den
Geist, blos den denkenden Menschen; die an-
dere blos das Thier, blos den fühlenden
Menschen.

Jene Schule hat zwar noch allerley Unter-
abtheilungen, von welchen einige, aus lauter
Begierde richtig, nach der strengsten Prüfung
der Kritik, zu denken, nächstens allem Denken
ein Ende machen werden. Es kommt uns aber

*) Ich bin weit entfernt, diejenigen unter die mysti-
schen Philosophen zu rechnen, welche nur in dem
Schein eines höhern Lichtes philosophiren wollen;
auch nicht diejenigen, welche die Kälte der Specu-
lation mit ihrem reinern Gefühl beleben. Sondern
diejenigen, welche irdischen Unsinn für himmlische
Eingebung verkaufen, oder, ohne nur Menschen-
werth zu besitzen, sich des Umgangs mit Engeln
rühmen.

hier nicht auf eine genauere Bestimmung an,
sondern wir rechnen zu dieser Schule überhaupt
alle diejenigen, welche in ihren Betrachtungen
über den Menschen, die Leidenschaften, die Vorurtheile, die Grillen, die ihn gewöhnlich zu be-
gleiten pflegen, gar nicht in Anschlag bringen,
sondern in der Voraussetzung, daß die Wahrheiten, die sie predigen, allmächtig sind, und
daß ihrer Evidenz nichts widerstehen kann, alles
nach den Regeln der Vernunft, nach dem Maas-
stabe des Verstandes abzirkeln und bestimmen
wollen. Diese Schule, welcher wir die öcono-
mischen Tabellen, die Entwicklung der Rechte
der Menschheit, die erhabenen Lehren von der
Kraft des Gesetzes, von der Aufhebung des Un-
terschieds der Stände, von der gleichen Ver-
theilung der Güter, von dem Spiritus rector,
der alle Offenbarung und alles Historische in der
christlichen Religion überflüssig macht, und alle
die schönen Ideale der aus lauter unumstößlichen
Grundsätzen räsonnirenden Vernunft, zu danken haben; diese Schule scheint in der jetzigen
Zeit mehr, wie mich dünkt, durch die Gewalt
des Hasses gegen das nichtswürdige Alte, als
durch den Reiz des schönen Neuern, die Oberhand erhalten zu haben; wenigstens kann ich die
gedachten Regierungsformen und Con-
stitutionen, die man jetzt an einigen Orten so
sehr erhebt, an einigen so eifrig realisirt zu se-

ßen wünscht, und an noch andern mit so viel
Blut und Leichen erkauft, diese kann ich wenigs
stens allein dieser Schule zuschreiben. Demun=
geachtet scheint es mir, als ob alle die Lehrer
dieser Schule unter diejenigen gehörten, welche
zwar das Glück gehabt haben, hinter der allego=
rischen Mauer des Plato die Sonne zu sehen,
sie aber sich da zu kurz verweilt haben, und,
noch geblendet von ihrem Licht, wieder in das
Dunkle zurückgekehrt sind, wo sie dann weder
die Sachen mehr sehen, noch den Schatten der
Sachen.

Die andere Schule, welche alles auf die Em=
pfindung des Menschen zurückzieht, und so we=
nig gedacht haben will als möglich ist, hat zwar
unzählig viel Anhänger, aber sie ist zu klug, als
daß sie es wagen sollte, ihren Widersachern in
der jetzigen Zeit die Stirne zu bieten. Sie
fühlt zu sehr, daß, wenn sie jetzt ihren Egois=
mus, ihre Lehren vom augenblicklichen Genuß,
ihre Grundsätze bey der Wahl des gewissen Ge=
genwärtigen und des ungewissen Künftigen pre=
digen wollte, man sie aus der Gemeinde geißeln
und ihr beweisen würde, daß es eben gerade
diese Grundsätze waren, welche alles so übel ge=
macht haben, daß es nicht mehr zu ertragen war.
Sie schweigt also, und sie kann auch ganz ge=
trost noch einige Zeit schweigen und warten, bis
die ätherischen Gestalten, womit ihre Widersa=

cher sich das Ansehen geben, zu buhlen, ganz
verschwunden sind, sicher, daß alsdann Fleisch
und Knochen dennoch siegen, und daß die Anarchie der ungebundenen Sinnlichkeit, welche ihre
Schule anbetet, sich von selbst auf den Thron
schwingen werde.

Beyde diese Classen von Philosophen sind,
dünkt mich, nicht geschickt, sich mit der Politik
und der Regierungskunst abzugeben. Denn
diese ist ihrem Zweck gemäß durchaus gezwungen,
immer den ganzen Menschen vor Augen zu haben, und zwar nicht nur diesen oder jenen Menschen, in dieser oder jener Lage und Stimmung,
sondern den Menschen, wie er im Durchschnitt
erscheint, wenn man zusammenfaßt, was die
Nation, für welche diese Politik arbeitet, zu
denken, zu fühlen, zu hoffen, zu treiben und zu
verlangen pflegt; was sie thun kann, wie sie es
thun kann, wie sie es gewohnt ist zu thun; was
sie tragen mag oder nicht; was für Vorurtheile,
für Leidenschaften, für Grillen sie hat; was auf
sie wirkt, wie sie entgegen wirkt; kurz alles,
was sie jetzt ist, und künftig wahrscheinlich werden wird und kann.

Die Philosophen, welche den einzelnen Menschen und die menschlichen Gesellschaften überhaupt in diesem Gesichtspunkt zu studiren und zu
betrachten pflegen, machen nach meiner Mei-

nung die dritte Classe der Philosophen aus. Und
wenn man ihre Grundsätze und ihre Lehren mit
dem was die Politik fordert, zusammenhält; so
dünkt mich, sind es diese allein, welche sich mit
den Staatseinrichtungen und der Gesetzgebung
in irgend einem Staat abzugeben hätten. Denn,
wenn je das schwere Problem, große Macht
mit Weisheit, und Gehorsam mit
Edelmuth zu vereinigen, aufgelöst werden kann; wenn je dem Menschenwerk der
Staatssysteme die Haltbarkeit und der freye
Gang der Natur gegeben werden kann; so muß
es durch die Adepten dieser Schule geschehen.

Zum Unglück ist diese Schule immer nur
sehr klein, und gewöhnlich sehr gering geachtet.
Sie ist klein, weil ihre Betrachtungen immer
sehr langweilige, mühsame Zergliederung erfordern, zu welchen wenige Menschen die Geduld
haben; und sie wird wenig geachtet, weil die
Resultate ihrer Beobachtungen meist sehr wenig
glänzend sind; weil ihre Vorschläge zum Bessern
meist zu wenig sich von dem alten Schlimmen
entfernen, weil sie meist sehr behutsam gehen,
weil sie uns überall so oft an unsre Mittelmäßigkeit erinnern muß, und vielleicht am meisten
deswegen, weil sie immer zu ängstlich an dem
gemeinen Menschensinn hangen bleibt, der in
den phantastischen Augenblicken, in welchen wir

zu philosophiren und zu politisiren pflegen, meist
ein so beschwerlicher Gesellschafter ist.

Diese dritte philosophische Schule findet sich
in der jetzigen Lage der Dinge am unbequemsten.
Ihre Mitglieder lieben die Menschen überhaupt
zu sehr, als daß sie es nun in dem allgemeinen
Taumel vor sich verantworten zu können glaubten, wenn sie ganz stille sitzen sollten. Dennoch
ist in dem Senat der Nationen kein Platz für
sie übrig, und in dem Publikum ist kein Ohr
für ihre Stimme da. Auch können sie, so wenig sie Sekte machen können oder wollen, sich
nicht an die beyden andern Schulen anschließen.
Sie verachten die sinnlichen Philosophen, die
Prediger des Egoismus zu sehr, als daß sie zu
diesen sich herablassen möchten; und, so liebens-
würdig ihnen die Phantasien der Ideal-Philo-
sophen manchmal vorkommen, so scheint es ihnen doch, daß sie zuviel Aufwand an Blut und
Gut ihrer Mitbürger machen, um eine epheme-
rische Erscheinung weniger Tage hervor zu bringen, die verschwinden wird, sobald sie mehr
thun soll, als sich zeigen, sobald sie handeln soll,
welches sie doch thun muß, wann sie Organ des
Staates seyn will, wofür sie sich darstellt.

Um nun diese Philosophen in ihrer Unthätigkeit zu trösten, habe ich unternommen, die
Briefe des Plato über die syrakusanische Revo-

lution zu überſetzen, weil Plato ſich damals, in
Rückſicht auf ſein eigenes Vaterland, in eben
dieſer Unthätigkeit befande, und in dieſen Briefen ſo viel gutes darüber ſagt; zugleich aber auch
darum, damit dieſer große Philoſoph gegen das
ſtrenge Urtheil derjenigen gerechtfertigt werde,
welche ihn blos für einen politiſchen Schwärmer
halten wollen, der nur eine leicht zu findende
Politik für einen idealiſirten Staat erträumt,
und alſo von der ächten Regierungskunſt eben ſo
ſchlechte Begriffe verrathen hätte, als der Arzt
ſchlechte von der Medizin haben müſte, der ſtatt
der diätetiſchen Regeln, die man für den geſun-
den, und der kliniſchen, die man für den kranken Menſchen fordert, ſich hinſetzte, und Vor-
ſchriften für einen idealiſirten Menſchen erdich-
tete, welcher ſo genau nach allen Regeln der
Phyſik, der Mechanik, und der ganzen Anthro-
pologie zuſammengefügt wäre, daß weder Zer-
ſtörnng noch Reibung noch irgend eine Urſache
die Auflöſung dieſer Maſchine, die nirgend wirklich wäre, beſorgen ließ.

Plato hat allerdings in ſeiner Republik zumal ein erhabenes Gedicht über eine den edelſten
der Menſchen würdige Staatsverfaſſung dargelegt; aber er geſteht nicht allein da, daß er ſelbſt
die Ausführung ſeines Plans nur höchſtens für
möglich, aber nicht einmal für wahrſcheinlich
halte; ſondern er giebt uns auch in dem, was

er in seinen Briefen an die Freunde des Dion
sagt, genug zu erkennen, daß er das Ab= und
Zugeben, woraus die Mittelmäßigkeit erwächst,
für die wir allein geschaffen sind, wohl verstunde.
Er wuste wohl, daß wenn man über die Mensch=
heit nur philosophiren will, man sich den Be=
griff derselben allenfalls in seiner höchsten Exal=
tation denken kann; daß aber, wenn man die=
sen Begriff auf alle Arten und alle Individua
der Menschen so anwenden will, wie es das
praktische Leben erfordert; von den Charakteren
derselben kaum so viel übrig bleibt, als einem
unsrer modernen Naturkündiger genug wäre,
irgend eine Thier= oder Pflanzenart zu classifizi=
ren. Auch erkannte er wohl die Schwierigkeit,
die ein philosophischer Politiker zu übersteigen
hat, wenn er in dem unermeßlichen Zwischen=
raum zwischen dem exaltirten und dem gemeinen
Menschen herumgreifen, und seine Gesetze, Ein=
richtungen und Formen nach den infinite mini-
mis berechnen soll, die in diesem Zwischenraum
möglich sind. Und obgleich er, so wenig als die
Redner auf den Pariser Tribunen, oder die Pai=
nes und die andern ultramarinischen Philosophen
eine Formel zu dieser Rechnung finden konnte;
so hat er doch wenigstens in diesen Briefen ge=
wiesen, wie sehr er davon überzeugt war, daß
ein jeder Gesetzgeber für Menschen, selbst der
göttlichen der Juden nicht ausgeschlossen, oft Ge=
setze geben muß, von denen er weiß, daß sie

nicht gut find. Und deswegen ſcheint Plato
mir alſo allerdings zu der dritten Claſſe der Philoſophen zu gehören, welche ich allein für fähig
halte, Antheil an der Staatseinrichtung und an
ihrer Verwaltung zu nehmen.

Mit dem allen geſtehe ich jedoch, daß ich nicht
überzeugt bin, daß der Rath, welchen Plato,
zumal in dem achten Brief, den Anhängern des
Dions gegeben hat, durchaus der beſte war, den
man ſelbſt unter ſolchen Umſtänden hätte geben
können; aber es iſt ſchwer darüber zu urtheilen
und in allen Fällen ſcheint mir wenigſtens ſowohl dieſer Brief, als auch die übrigen Briefe
dieſer Sammlung überall ſehr lehrreich, insbeſondere zu unſerer Zeit. Da nun dieſelben, ſo
viel ich weiß, noch nie in das Deutſche, und
wohl auch nicht einmal in das Franzöſiſche über-
ſetzt worden ſind; ſo hoffe ich den Leſern dieſer
Sammlung kein unangenehmes Geſchenk durch
dieſe Ueberſetzung zu reichen. Neben dem hoffe
ich aber auch, wenn anders kleiner Sachen bey
großen gedacht werden darf, daß diejenigen,
welche mich kennen, hier und da einiges in dieſen Briefen finden werden, das vor ihrer Billigkeit die politiſche Apathie, in welche ich mich
zurückgezogen habe, rechtfertigen wird. Am
troſtreichſten wird jedoch, wie geſagt, ſonderlich
ein großer Theil des ſiebenten Briefs allen denen ſeyn, welche irgendwo in Oſten oder We-

ken einem verdorbenen Staatskörper aufzuhelfen
sich verpflichtet glauben, und kein Mittel darzu
in Händen haben, als ihre bescheidene Philosophie, und ihre in sich gekehrte Tugend.

Der philosophische Theil dieser Briefe
brauchte vielleicht bey manchen Lesern derselben
einen Commentar. Allein eine solche Arbeit
würde mich weiter führen als ich zu gehen denke.
Und mich dünkt auch, der Tiefsinn des Plato
hat immer so etwas von dem heiligen Dunkel
der Götterhaine, daß es oft besser ist, in der
Andacht, mit welcher man ihn liest, nur seinem
Geist nachzuahnden, als ihn mit alles erklären-
den Analysen seines Feuers zu berauben. Auch
sagt er selbst in diesen Briefen und an mehrern
Orten, daß seine Philosophie kein Licht gebe, zu
welchem jeder nur hinzutreten brauche, um seine
Lampe anzustecken; sondern daß sie nur Funken
aussprühe, welche sich in dem, der Seele habe,
von selbst zum innern Licht entflammten. Diesen philosophischen Theil seiner Briefe überlasse
ich also seinem Schicksal, und begnüge mich, nur
in den Anmerkungen einiges darüber zu sagen,
mehr um meine Uebersetzung zu rechtfertigen, als
um den Schriftsteller zu erklären. Aber der historische Theil dieser Briefe, der auf allerley Vorfälle in Syrakus anspielt, könnte, ohne eine
kurze Erzählung derjenigen Begebenheiten dieses
Staates, auf welche diese Briefe sich beziehen,

vielleicht manchmal unverständlich bleiben. Ich
hoffe deswegen, die Leser dieser Blätter werden
es mir verzeihen, wenn ich sie, ehe ich ihnen die
Briefe selbst vorlege, wieder an diese Begeben=
heiten erinnere.

————————

Histo=

# Historische Einleitung zu Plato's Briefen über die Syrakusanische Staatsrevolution.

Daß Syrakus eine Pflanz-Stadt der Corinther gewesen ist, weiß jedermann. Die Zeit, zu welcher Archias seine Landsleute dahin führte, fällt wahrscheinlich in die Epoche der Oligarchie der Bacchiden in Corinth. Es kann also wohl seyn, daß in Syrakus, bey der Stiftung dieser Stadt, eine ähnliche Regierungsform eingeführt worden ist. Diese Vermuthung wird noch durch eine Stelle des Aristoteles im fünften Buch seiner Politik bestärkt, wo er erzählt, daß zween junge Sicilianische Magistratspersonen einander gegenseitig ihre Weiber und Kinder verführt hätten,

Woraus ein Aufruhr entstanden wäre, der die
Staatsform umgeworfen hätte. Aristoteles
sagt zwar nicht, wie diese Staatsform, ehe
dieser Vorfall sich ereignete, beschaffen war,
noch was nachher aus ihr geworden ist; es ist
aber wahrscheinlich, daß es da eben so zuge-
gangen seyn mag, wie es vor wenigen Jahr-
hunderten in Florenz gegangen ist, wo ebenfalls ein Liebeshandel eines der Oligarchen eine
Demokratie hervorgebracht hat, die in kurzem
wieder einen Despotismus erzeugte. So viel
ist indessen gewiß, daß zur Zeit des Gelons,
unter welchem die Geschichte von Syrakus etwas heller wird, Syrakus demokratisch regiert wurde.

Dieser Gelon war kein Syrakusaner,
sondern ein Privatmann von Gela. Er war
aber unternehmend und glücklich genug, zuerst seine Vaterstadt, die er für ihren Tyrann
erobert hatte, für sich zu behalten, und nachher noch Syrakus selbst zu erobern. Als Gelon einmal Herr dieser Stadt war, betrug er

sich so gut, daß er unbewaffnet unter dem be=
waffneten Volk stehen, und das Volk selbst
auffodern könnte, ihn zu tödten, wenn er ihm
mißfiele. Auch erkannten die Syrakusaner
seinen ganzen Werth, und ihre Dankbarkeit
setzte ihm ein Denkmahl, das noch stande, als
Timoleon in spätern Zeiten Syrakus wieder
befreite, und das, als damals alle Denkmäh=
ler der Tyrannen umgestürzt wurden, in dem
Volk selbst einen Fürsprecher fande, der es
allein erhielte. — Heinrich des vier=
ten Denkmahl fande neulich kei=
nen! —

Gelons Brüder regierten nach ihm. Den
ersten, Hiero, der ein sehr zweydeutiges Lob
hinterlassen hat, rettete vielleicht oft das An=
denken an seinen Bruder, und wahrscheinlich
hatte er dem Umgang des Simonides, Ae=
schylus und Pindarus doch so viel zu danken,
daß er den Syrakusanern nicht ganz unerträg=
lich wurde, und daß sein Ruf wenigstens
zweydeutig bliebe. Der andere Bruder des

Gelon, Trasybulus, war aber so glücklich
nicht. Er machte sich durch seine Grausamkeit äußerst verhaßt, und das Volk, das anfangs nur ihn stürzen wollte, stürzte nachher,
als es einmal im Gang war, lieber die ganze
Tyranney, und führte wieder eine demokratische Form der Regierung ein.

In die Regierung des Gelon fiel der Persische Krieg mit Athen und dem übrigen Griechenland; in die Epoche nach dem Trasybul,
also in die Syrakusische Demokratie, fiel der
Peloponesische Krieg und die unglückliche Unternehmung des Nizias.

Wenn nichts uns die Gesinnungen und
die Sitten der Syrakusaner dieser letzten Epoche
schilderte; so wäre ihr Betragen gegen diesen
Feldherrn und gegen die unglücklichen Athenienser, welche mit ihm in ihre Hände fielen,
hinlänglich uns einen Begriff von ihnen zu
machen. Ihre demokratische Grausamkeit
verstopfte ihr Ohr gegen alle Fürbitten und

alle Beredsamkeit des billigen Gylippus und
ihrer eignen, welscheren Generale, und sie konnten ansehen, daß Nizias und Demosthenes
gegen ihr heiligstes Versprechen mit Ruthen
gegeisselt und getödtet wurden, konnten ohne
Erbarmung viele Tausende ihrer, durch Sitte,
Sprache und Religion verwandten Landes-
leute, (denn die Athenienser waren Griechen
wie sie) täglich vor Hunger und Elend in den
Steinbrüchen, wohin sie sie verdammten, ver-
schmachten lassen. Dann aber waren einige
Verse aus dem Euripides genug, für ihren
Leichtsinn, ihre geschmackvolle Ueppigkeit, ihre
ächtgriechische Reizbarkeit, die noch übrig ge-
bliebnen Unglücklichen wieder zu erlösen, und
sie mit aller Herzlichkeit der brüderlichsten Gast-
freundschaft in ihre Vaterstadt zurück zu
schicken.

Ein Volk, das einer solchen
Härte und einer solchen Weichheit
fähig ist, kann nie hoffen, daß es
sich selbst sollte regieren können.

Auch dauerte die Demokratie der Syrakusaner, in welcher sie so viel schönes und so viel
übles gethan hatten, nicht lange! Der Leichtsinn, mit welchem sie den Hermokrat, einen
ihrer besten Feldherrn, dem sie die Hauptnie-
derlage des Nizias zu danken hatten, von seiner Stelle absetzten und des Landes verwiesen,
erweckte wahrscheinlich in einem ihrer unbe-
deutenden Mitbürger, in dem Dionysius, den
Gedanken, daß es ihm leicht fallen würde,
sich an die Spitze eines Volks zu setzen, das
allen Eindrücken so achtlos offen stünde. Dionys war zwar ein Anhänger des Hermokrates,
dessen Tochter er geheurathet haben soll, dennoch rettete ihn vermuthlich sein damals noch
unbedeutender Nahme, als Hermokrates und
seine übrigen Freunde in Syrakus erschlagen
wurden. Bald lernte ihn aber sein Volk
mehr kennen. Ein Krieg, in welchen ein
Theil von Sizilien und Syrakus selbst, mit
den Carthaginensern verwickelt war, gab ihm
Anlaß, die damals herrschende Partey in der

Volksgemeinde anzugreifen. Die Oligarchen,
welche an der Spitze dieser Partey stunden,
wollten freylich seine Kühnheit mit Strafen
im Zaum halten; aber Philistus, der sehr
reich war, und immer fein und des Despotismus Freund blieb, erbot sich, die Strafen für
ihn zu erlegen. Er sprach also, und sprach
sonderlich gegen alles was reich und angesehen
in der Stadt war. Nichts hört man lieber
in einer Demokratie als das. Und in der
That, die Politik hat auch noch kein Mittel
gefunden, wodurch man es möglich machen
könnte, die Ungleichheit der Güter und die
Gleichheit des Bürgerrechts neben einander zu
erhalten; auch pflegen die Reichen die Kräfte,
welche sie erkaufen können, zu sehr wie ihre
eigene Kräfte anzusehen, als daß sie die Bescheidenheit lange erhalten sollten, ohne welche
kein Bürgerstaat bestehen kann.

Dionysius Rede wirkte anfangs mehr
nicht, als daß neue Generale und er unter

diesen ernannt wurden. Das war ein
Schritt, aber noch blieb der wichtigere übrig,
der ihn über seine Collegen erheben sollte. Auch
der war ihm nicht schwer. Als er von einem
kleinen Zug nach Hause kam, und das Volk
eben aus dem Theater gieng, und ihn über
den Erfolg seiner Unternehmung befragte, erschreckte er den noch zur Freude gestimmten
Pöbel mit der Nachricht, daß seine Collegen
ein heimliches Verständniß mit den Carthaginensern unterhielten. Er sagte ihnen: er
habe das schon lange vermuthet, und sich bisher sorgfältig vor aller Gemeinschaft dieser
Treulosen gehütet, damit er nicht einem ähnlichen Verdacht ausgesetzt werde. Nun aber
hätten ihm die Carthaginenser insgeheim solche
Vorschläge thun lassen, daß er an der Verrätherey nicht mehr zweifle, und ohne sich selbst
in Gefahr zu setzen, seiner Stelle nicht länger vorstehen könne, sondern entschlossen wäre,
sie gleich am andern Tag nieder zu legen.
Diese künstlichen Ausstreuungen, die bald in

der ganzen Stadt verbreitet wurden, und eine
Rede, die er des andern Morgens in eben
dem Sinn an die Volksgemeinde hielte, war
genug, dieses leichtsinnige Volk zu bewegen,
ihm allein die höchste Gewalt zu übertragen.
Zwar reute es das Volk bald, daß es diesen
Schritt gethan hatte, und ein großer Theil
desselben fiel wieder von ihm ab; so daß es
wirklich selbst in Syrakus von dem größten
Theil des Volks belagert gehalten wurde.
Schon war aber das Volk zu weit gegangen,
als daß es sich wieder hätte zurückziehen können, und Dionys fände bald, durch den Rath
des Philiscus ermuntert, ein Mittel, erst unter verstellten Tractaten das Volk einzuschläf-
fern, und dann, durch Hülfe der Campanier
und anderer italienischer Lohnsoldaten, sich
wieder so fest zu setzen, daß er nicht ganz Unrecht hatte zu glauben, seine Tyranney wäre
mit diamantenen Fesseln an den Himmel
gebunden.

A 5

Diese Fesseln hielte er jedoch nicht blos mit Gewalt in seiner Hand.

Dionys war von der Seite des Ehrgeizes, der Ansprüche an Geschmack in Künsten und Wissenschaften, des Leichtsinns in Religion und des moralischen Werthes, so ganz Syrakusaner, daß er sich oft in ganz Griechenland durch seine Gedichte lächerlich, und durch seine Beraubung der Tempel verhaßt machte. Er trieb seine Anmaßung von Genie so weit, daß, als er einmal, nach vielen ausgezischten Versuchen in der Dichtkunst, den Preis davon trug, er ein Fest feyerte, das er dem größten Sieg zu Ehren nicht gefeyert haben würde, und der ehrliche Philoxenes empfand in den Steinbrüchen, wohin seine Kritik der Dionysischen Muse ihn brachte, nur allzugut, daß man im Homer selbst ehe Fehler finden darf, als in den Werken eines mächtigen Dichters. Neben dieser Schwachheit hatte Dionys auch eine so kindische Furcht vor Nachstellung und

Verrätherey, daß, wenn man den Geschichtschreibern trauen darf, sogar das Bett, in
welchem er schlief, mit einem weiten Graben
umgeben war, über den er selbst nur auf einer
Zugbrücke stieg, welche er jederzeit sorgfältig
an sich zog, wenn er sich niederlegte. So
weit war also der Tyrann ein ächter Syrakusaner. Aber er war dabey vorsichtig, thätig,
tapfer und standhaft in seinen Unternehmungen, und wenigstens weise genug, einen der
edelsten Menschen, nicht nur seiner Insel, sondern aller seiner Zeitgenossen, den Dion bis
ans Ende seiner Regierung zu schätzen, obgleich niemand um ihn war, auf welchen er
mehr Ursache gehabt hätte, eifersüchtig zu
seyn, als eben auf diesen.

Dion war nicht allein aus einem sehr
edlen Geschlecht, sondern er war auch gut
und weise, und nicht wie der König, blos aus
Ehrgeiz, sondern aus innigem Gefühl, ein
Freund alles Schönen und Edlen und aller

weisen und gelehrten Männer seines Zeitalters.
Unter allen liebte und ehrte er aber am mei=
sten den Plato, und als dieser zu den Pytha=
gordern nach Italien kam, überredete er ihn,
entweder durch den Reiz der Wunder des Aet=
na und der Meeresstrudel an der Insel, oder
durch die Beweise seiner Liebe, daß der Athe=
niensische Philosoph sich an den Hof wagte.
Jedermann weiß, wie übel diese Reise aus=
schlug.    Dionys konnte die Freymüthigkeit
dieses Philosophen nicht ertragen, der ihm
geradezu sagte:  daß es häßlich wäre,
wenn ein Regent, ohne der wei=
seste seiner Unterthanen zu seyn,
sich dennoch so betrüge, als ob
diese blos um seinetwillen da wä=
ren; und mit Mühe entgieng Plato dem Tod,
oder wenigstens der Knechtschaft.

Dieser Unfall störte indessen die Freund=
schaft nicht, welche den Dion und den Plato
verbande, und kaum war der alte König todt,

als Dion sich schon wieder bemühte, den Plato
an den Hof zu ziehen.

Dionysens ältester Sohn, der junge Dionys folgte seinem Vater ohne Widerspruch.
Dieser junge Dionys war zwar übel erzogen
worden, wie es den Königs- und Fürstensöh-
nen, und auch den Kindern der Privatleute,
die Reichthum und Ansehen von ihren Eltern
erben ohne eigene Mühe, sehr oft zu ergehen
pflegt. Aber so übel stund es doch damals
nicht mit ihm, daß er den Dion, den sein
Vater so sehr in Ehren hielte, von sich gesto-
ßen hätte. Er gab ihm vielmehr eben den
Platz in seiner Freundschaft und in seinem
Vertrauen, den er bey seinem Vater besessen
hatte. Und, obgleich die Absicht desselben,
dem alten König eine Theilung des Reichs zu
rathen, dem jungen Dionys nicht unbekannt
war; so wirkte doch selbst das mehr nicht, als
daß dieser seinem Vater einen Schlaftrunk
geben ließ, der die Unterredung mit dem Dion

verhindern sollte, und sie auch bald unmöglich machte, weil der alte König nicht mehr auf= wachte.

Diese Lage der Dinge blieb aber nicht lange die nämliche.

Dion, der bey sehr vielen wirklich großen Eigenschaften, einen, allen edlen Seelen sehr gewöhnlichen Mangel an Menschenkenntniß hatte, welcher ihn bis in seinen Tod begleitete, verkannte den Charakter des jungen Königs ganz. Der Sohn war mehr Syrakusaner als sein Vater; aber er war ihm gleich in dem Ehrgeiz, durch sein Genie zu glänzen. Diese Neigung wollte Dion, der von Plato's Phi= losophie ganz durchdrungen war, zum Besten des Vaterlandes benutzen. Er bemühte sich also, die Seele des Jünglings zur Philoso= phie zu wecken, in welcher damals mehr Ruhm zu erringen war als in der Laufbahn der Dichtkunst, wo niemand mehr mit dem Ae= schylus, Sophokles und Euripides zu wett= eifern wagte. Dem Jüngling war es wohl einerley, in was er glänzte, wenn er nur glänzte. Es wurde.also dem Dion leicht, ihn zu stimmen wie er wollte, und da er glaubte, daß der Funke, den er in ihn fallen lassen, Feuer gefangen hätte, rief er den Plato wieder nach Syrakus zurück, in der schmeichelhaften Hoffnung, den Geist dieses Mannes so in seinen jungen Freund überzutragen, daß die Welt endlich einmal das Wunder erleben würde, einen ächten Philosophen auf dem Thron zu sehen. Plato ließ sich auch überreden. Er kam an den Hof, zum Schein in der Absicht, den jungen König in der Geometrie zu unterrichten, in der That aber um ihn des Thrones würdig zu machen.

Wie wir von Platos erhabener Philosophie hingerissen werden, wenn wir den todten Buchstaben lesen, den er uns hinterlassen hat; so gieng es dem Dionys, da er den Mann hörte, der die tiefste Weisheit und die unerschöpflichste Beredsamkeit mit der edelsten grie-

chischen Grazie des Umgangs verbande. Plato
und Dion unterhielten ihn täglich mit den er-
habensten Lehren der Tugend; sie sprachen immer mit ihm von der ewigen Gerechtigkeit,
von dem wahren Werth und dem wahren Zweck
der Menschheit, und über alles bemühten sie
sich, ihm die gesetzlose Regierung der Tyranney auf ihrer häßlichsten Seite zu zeigen. Ihre
Lehren wirkten mächtig auf die weiche Seele
des Jünglings, und in wenigen Tagen wurde
er so hingerissen, daß er einmal in einem philosophischen Enthusiasmus dem Priester, der
in seiner Gegenwart die Götter um Erhaltung des Tyrannen und der Tyranney bat,
lebhaft zurief: wie lange wirst du mir noch
fluchen!

So erbaulich dieser Ausruf dem Dion und
dem Plato geschienen haben mag; so wenig
gefiel er dem Hofgesinde des Königs, welchem
mit einem philosophischen König meist nur übel
gedient ist. Diese Leute fühlten zu gut, daß
das Ende der Tyranney auch das Ende ihres

erbet-

erbettelten Glanzes werden müßte, und nur
ließen sie sich nichts angelegener seyn, als die
Eindrücke, welche die edlen Philosophen in
ihren jungen König gemacht hatten, auf das
eheste wieder auszulöschen, ehe sie tiefer ein-
dringen könnten. Sie erinnerten sich, daß
der Philistus, der große Freund des Tyrannen, den der alte Dionys verbannt hatte, die
Tyranney nicht so philosophisch verschmähte,
als Dion und Plato. Und, da dieser Mann,
der selbst eine sehr schöne Geschichte von Syrakus geschrieben hatte, die nicht auf uns gekommen ist, in diesem Werk, und überhaupt
in seinem ganzen Umgang, ebenfalls nicht
wenig Beredsamkeit und Gaben zu überreden
gezeigt hatte, so zweifelten sie nicht, daß er
der philosophischen Club, die ihnen so gefährlich zu werden anfieng, bald ein Ende machen,
und den jungen König wieder mit der Tyranney versöhnen werde, die ihnen allen so nützlich war. Sie beschlossen also den jungen Kö-

B

nig zu überreden, daß er diesen an seinen Hof zurück berufen möchte.

Es ist unbekannt, ob das ohne des Dions und Plato's Vorwissen geschahe, oder ob beyde die gefährliche Absicht nicht sahen, oder ob sie sich dem Mann überlegen fühlten, oder endlich, welches ihrem Charakter am angemessensten ist, ob sie glaubten, Philist habe seine Verbannung nicht verdient, und ihm müsse sein Recht werden, es entstehe daraus was da wolle. Genug, der König ließ sich überreden, den Philist zurück zu rufen. Und nun hatte die Hofpartey ein großes Gewicht auf ihrer Seite.

Dieser Mann, der die Sitten der Großen besser kannte, als seine philosophischen Widersacher, ließ sich durch den erhabenen Paroxismus, in welchem Dionys die Tyrannen so sehr verabscheut hatte, daß er nicht mehr erlauben wollte, für deren Erhaltung zu bitten, nicht abschrecken. Wahrscheinlich dachte

er, wenn das der junge König so ernstlich gemeint hätte, als ers sagte; so hätte es ihm
nur ein Wort gekostet, die Tyranney, um deren Erhaltung er nicht gebetet haben wollte,
selbst abzulegen und dem Volke seine Freyheit
wieder zu geben. Auch fürchtete er sich gar
nicht vor dem Hang zur Philosophie, den der
junge Regent zu verrathen schien. Er merkte
bald, daß er nur den Nahmen und den Ruhm
eines Philosophen haben wollte, und viel zu
träge, viel zu viel Tyrannensohn wäre, um
sich sehr mit der Sache abzugeben. Er dachte,
so wie der Vater, wenn er nur mit dem Dich-
terkranz des Sophokles gekrönt würde, sich
nie darum bekümmert habe, ob er auch wie
Sophokles dichte; so werde auch der Sohn
mit dem Nahmen eines Philosophen wie Plato
zufrieden seyn, und sichs wenig angelegen seyn
lassen, zu leben wie Plato; gab es doch sogar
unter den sieben Weisen manche, die selbst um
Apollo's Dreyfuß zu verdienen, nicht mehr

Weisheit nöthig gehabt hatten, als man
braucht, um ein paar Sentenzen zu runden.

Nach diesen Bemerkungen legte also Philist mit großer Zuversicht die Hand an, um
seinen König von seinem antityrannischen
Traum zu heilen. Mit dem allem mußte er
doch noch immer sehr behutsam zu Werke gehen. Eben weil der junge Dionys so vielen
Werth auf den Nahmen eines Philosophen
aus Plato's Schule setzte, durfte er es nicht
wagen, den Plato selbst zu entfernen, auch
war ihm wohl Dion, welcher größern Einfluß
in die Staatsgeschäfte hatte, gefährlicher.
Er trachtete also nur diesen zu stürzen, und
zweifelte nicht, daß Plato nachher wenig vermögen würde. Seine Vermuthung betrog
ihn auch nicht, und sein Anschlag war nicht
so schwer auszuführen, obgleich das Mittel,
dessen er sich bediente, unwirksam schien. Er
und seine Partey spielten nämlich dem Dionys
einen Brief in die Hand, in welchem Dion

den Carthaginensern, die den alten König
kurz vor seinem Tod geschlagen hatten, an,
gabe, sie sollten es so einrichten, daß er ge,
genwärtig wäre, wenn über den Frieden ge,
handelt würde; er wolle dann alles schon so
zurecht legen, daß sie zufrieden seyn könnten.
Gegen diesen Brief konnte Dion, er mag ihn
nun geschrieben haben, oder nicht, sich leicht
rechtfertigen. Denn in der That war Dionys
damals in solchen Umständen, daß ihm der
von den Carthaginensern vorgeschlagene Frie,
den sehr angenehm seyn mußte. Der junge
König war aber schon zu sehr wider den Dion
eingenommen, als daß der entfernte Verdacht,
den dieser Brief zu erregen schien, nicht seine
Wirkung hätte thun sollen. Wahrscheinlich
lag doch noch bey ihm in einem Winkel seines
Herzens der Rath des Dions, welcher ihn um
einen Theil seines Reichs zu bringen gedroht
hatte, verborgen, wenigstens hatte die Hof,
partey dieses Umstandes nicht vergessen, und
sie wußte ihn sehr gut zu benutzen, um den

Verdacht, den die Briefe des Dions erregt
hatten, gegen die beyden Philosophen zu ver-
größern, und dem jungen König selbst ihre
Philosophie verdächtig zu machen.    Deine
Philosophen, sagten sie, sind doch nicht un-
fein.. Da es dem Dion nicht glückte, einen
Theil deines Reichs den Schwester Kindern
seiner Frau zuzuwenden, so machen sie dir
jetzt das Ganze so verhaßt, daß du es bald
selbst hingeben wirst. Indessen sind sie so sehr
deine Freunde, daß sie wahrscheinlich dich nur
von einer Last befreyen wollen, die dann
Dion, aus Liebe zur Philosophie, gern übernehmen wird, um seine Verwandte damit zu
beladen, wogegen sie dich hernach freylich in
den schattigen Wäldern der Akademie, mit
dem mysterieusen höchsten Gut entschädigen
werden, das dort allein zu wachsen scheint.
Dergleichen Betrachtungen können dann des
jungen Dionys Vorliebe zur Philosophie leicht
überwogen haben,    Und rechnet man noch
hinzu, daß selbst von der Seite, Dion den

König beschwerlich geworden seyn mag, weil
er ein besserer Mensch, also auch ein besserer
Platoniker war, und von Plato immer mehr
geliebt und geachtet wurde; so brauchte es vielleicht nicht einmal so viel, um die Verbannung des lästigen Nebenbuhlers zu Stand zu
bringen.    Der schwache König beschloß sie
auch leicht, und ließ sich, wie die Könige und
Fürsten öfter thun, sogar selbst zum Werkzeug
brauchen, mit welchem sein Hofgesinde seine
Absicht ausführte.    Er stellte sich, als ob er
alles Vertrauen in den Dion setzt, aber ehe
er sichs versah, hielte er ihm bey einem Spa-
ziergang ans Meerufer den Brief, den man
ihm gegeben hatte, vor, und ließ den Unglücklichen, ohne seine Verantwortung zu hören,
auf ein Schiff setzen, und nach Griechenland
hinüber bringen.

In diese Epoche fällt der erste Brief, der
in der Sammlung der Platonischen Briefe vorkommt, obgleich er nicht vom Plato, sondern

vom Dion geschrieben ist, und Plato so wenig Antheil an demselben hatte, daß er nicht
einmal darin genannt wird.    Dieser Brief
scheint in der Bitterkeit des Herzens geschrieben worden zu seyn.    Er hat wenig Zusam-
menhang, und sein Schluß scheint an die Pe-
danterie anzustreifen.

Als Dion von Syrakus weg war, spielte
Plato eine traurige Rolle an dem Hof.    Der
König schien sein Herz darauf gesetzt zu haben, daß er vom Plato geschätzt und geliebt
werden möchte,   und doch konnte Plato, zumal nach dem Vorfall mit dem Dion, und
nach allem, was er sahe und hörte, wohl
schwerlich seine Liebe erwiedern, die ohnehin
mehr auf Eitelkeit als auf wahres Gefühl ge-
baut war.    Indessen mußte der Philosoph
doch immer den König in guter Laune erhalten, damit er nicht wieder, wie unter dem
alten König, verkauft, oder wohl noch übler
behandelt werde.    Auch der König traute ihm

nicht recht. Er gab ihm eine Wohnung in seinem Schloß, und ließ ihn unter dem Schein seiner Anhänglichkeit nicht leicht aus seinen Augen. Aller Umgang zwischen ihnen schränkte sich jedoch blos auf philosophische Gegenstände ein, und es scheint, daß bey diesen Unterredungen der Schüler nicht selten sich für weiser hielte, als sein Meister. Mit unter mag wohl auch dann und wann von Dion die Rede gewesen seyn: allein Plato konnte nicht mehr für seinen Freund auswirken, als daß der Tyrann, da er den Philosophen endlich wegen eines Kriegs, der um diese Zeit ausgebrochen war, von sich ließ, ihm das Versprechen gab, daß er ihn, sammt dem Dion, gleich nach dem Frieden wieder zu sich kommen lassen wollte.

Plato lebte hierauf mit dem Dion zu Athen, unterhielte aber doch immer einen Briefwechsel über philosophische Gegenstände mit dem König. In diese Zeit und zwar bald nach Platos Rückkehr von Syrakus setze ich

den dreyzehnten Brief der gewöhnlichen Samm=
lung, und deswegen ist er bey mir der zweyte.
Man sieht aus diesem Brief, daß Plato da=
mals noch gut mit dem Dionys stande; auch
würde er, da er in seinen andern Briefen sehr
anders mit dem König spricht, schwerlich noch
die Forderungen an ihn gemacht haben, die
er in diesem Schreiben macht.   Selbst zwi=
schen dem König und dem Dion muß die Sache
noch nicht so übel gestanden haben, weil Plato
nach diesem Brief sich brauchen läßt, den Dion
zu sondiren, wie er über das denke, was der
König mit ihm vorhatte.

Nach diesem Brief scheint mir der zweyte
der gemeinen Sammlung zu folgen, der bey
mir nun der dritte wird.   Wahrscheinlich sind
mehrere zwischen jenem und diesem verloren
gegangen, weil dieser auf den vorigen nicht
den mindesten Bezug hat.   Auch in diesem
Brief schont zwar Plato des Königs sehr, doch
giebt sein Inhalt genug zu erkennen, daß ihre

Verhältnisse schon damals zu wanken anfiengen. Auch hier gedenkt Plato des Dions nur
sehr zufällig; wahrscheinlich, weil er noch
hoffte, daß der König, wann er wieder Friede
im Lande haben würde, denselben nach seinem
Versprechen, dessen ein späterer Brief des
Plato gedenkt, zurückrufen werde! Hingegen
beweist dieser Brief destomehr, wie königlich
Dionys die Philosophie studirte, und wie viel
Mühe Plato hatte, seinem Eleven begreiflich
zu machen, daß die Könige, weil ihnen so viel fremde Kräfte zu Gebot stehen, deswegen nicht glauben
müssen, daß ihre eigene Kräfte ihnen eben so zur Hand stünden.
Denn, nach diesem Brief zu urtheilen, hielt
sich damals der Schüler schon für einen aus-
gemachten Philosophen, und für fähig genug,
selbst andere zu unterrichten, wo nicht gar philosophische Werke zu schreiben. Doch hieng
er noch immer so sehr an Plato, daß er wirklich, sobald der Frieden geschlossen war, ihn

eifrig anlag, wieder nach Syrakus zu kommen. Plato war zu einer solchen Reise wenig geneigt. Er verlangte vielmehr ernstlich,
daß auch Dion zurückberufen werden sollte,
und der König versprach ihm auch das so hei-
lig, daß Dion selbst und seine Syrakusanischen und seine Italienischen Freunde ihm keine
Ruhe ließen, sich zu dieser dritten Reise zu
entschließen.

Dionysius Hofgesinde hatte sich indessen
noch besser gegen den Eindruck vorgesehen,
welchen dieser auf den König machen könnte,
und ich glaube nicht sehr zu irren, wenn ich
behaupte, daß die Hofcabale den Plato selbst
nach Syrakus locken half, um den König auf
einmal von ihm und seiner Philosophie zu
heilen.

Das wußten sie schon zum voraus, daß
Dion nicht mit zurück werde gerufen werden,
und es war wohl nicht schwer zu berechnen,
daß Plato, wenn er in dieser Hoffnung sich

werde getäuscht finden, schlechte Gesellschaft
für den König seyn würde. So viel konnte
er aber ihnen doch immer nützen, daß Dion,
so lang als Plato in ihrer Gewalt war, nichts
gegen den König unternehmen werde. Um
jedoch noch sicherer zu gehen, und um desto
gewisser zu verhindern, daß die Beredsamkeit
des Philosophen nicht doch vielleicht in einer
Tugendlaune des Dionys, alle ihre Maasre-
geln vereiteln möchte, hatten sie während der
Abwesenheit des Plato den Aristipp, den
Stifter der Cyrenäischen Schule, an den Hof
gerufen, den Mann, der nach dem Horaz
das regibus uti am besten unter allen Menschen verstand. Dieses übersetzt Wieland:
mit Königen zu leben; in der That
heißt es aber, die Könige zum Besten
haben, indem der, welcher diese Kunst
treibt, sich stellt, als ob er ein demüthiges
Werkzeug der Könige wäre, da doch sie nur
sein Werkzeug sind.

Dieſer Ariſtipp, den Plato ſelbſt wegen
ſeiner Gabe, ſich in alles zu ſchicken, bewun-
derte, war zu einem Hofphiloſophen gebohr-
ren. Er liebte eine gute Tafel, liebte den
Wein, liebte die Mädchen, war gleichgültig
gegen Ehre und Schande, und doch beſaß er
Witz und Laune und Geiſt und ſelbſt Stärke
der Seele genug, um ſich das Privilegium zu
erwerben, ſchlecht zu ſeyn, ohne verachtet zu
werden. Gerade das iſt der Stoff, woraus
die beſten Hofleute gemacht werden, und gerade ſo taugte er am beſten in den Plan der
Syrakuſaniſchen Hofcabale. Neben dem hatte
Ariſtipp auch noch die Eigenſchaft, daß er ein
Philoſoph und ein ehmaliger Mitſchüler des
Plato bey dem Socrates war. Zwar hatte
er, wie Xenophon wenigſtens erzählt, dem
Socrates ſelbſt ſchon manchen Anlaß gegeben,
ihm die Enthaltſamkeit zu predigen, ohne
durch ihn bekehrt worden zu ſeyn; aber ſo viel
hatte er doch von ſeinem großen Lehrer gelernt,
daß er auch ein philoſophiſches Syſtem ent-

werfen konnte, in welchem er des Weisen
menschliche Philosophie nur um einige Grade
hinunterschraubte, so wie Plato sie um einige
Grade hinaufgeschraubt zu haben scheint. Und
auch von der Seite war er der Hofpartey wichtig. Sie mußte nothwendig einen Philosophen haben, den sie dem Plato entgegensetzen
konnte, nicht sowohl ihren König zwischen beyden im Gleichgewicht zu halten, denn sie mußten wohl, daß er auf keinem festen Punkt
ruhe, ohne welchen kein Gleichgewicht möglich
ist, sondern um ihn so tief herunter zu ziehen, als er sinken konnte, und ihm doch die
Freude zu machen, auch da Philosophen zu
finden, deren Gesellschaft einmal seine
Laune war.

Dionys merkte vielleicht diese Absicht nicht,
vielleicht war es ihm auch angenehm, so con-
trastirende Philosophen an seinem Hof und
an seiner Tafel zu sehen, und neben dem allem hatte er immer die kindische Furcht, daß

Plato ihn in üblen Ruf bringen könnte, und
die nur Königen mögliche Hoffnung, daß ein
Mann von Seele einen edlen Freund einem
Könige aufopfern werde. Plato wurde also
mit allem Pomp eines reichen Tyrannen ab-
geholt; und bey seiner Ankunft wurde alles
angewendet, um den Dion aus seinem Gedächtniß zu bringen. Der Philosoph sträubte
sich so viel er konnte, aber er war wieder in
der Gewalt des Ungerechten, und die Aristip-
pische Philosophie hatte den Einfluß der Platonischen so sehr entkräftet, daß alle seine Be-
mühungen für seinen Freund vergeblich waren.
Der König häufte Betrug auf Betrug, und
erbitterte den Plato endlich so sehr, daß Aristipp in dem Augenblick, in welchem Dionys
und Plato am besten zusammen zu stehen schienen, dennoch den nahen Bruch ihrer Freundschaft voraus verkündigte. Er betrog sich auch
nicht. Der Tyrann entfernte den Plato von
seinem Hof, und ließ ihn unter seinen Miethsoldaten wohnen, die ihn eben so sehr haßten,

als

als das Hofgesinde, weil auch sie wohl sahen,
daß sie Nichts seyn würden, wenn Plato den
König überreden könnte, die Gewalt hinzu-
legen, durch welche allein sie bisher Etwas zu
seyn geschienen hatten. Dem Philosophen
war unter diesen Umständen nicht wenig bang,
und in der That rettete ihn auch nichts als die
Fürsprache seiner Italiänischen Freunde, der
Pythagorär, welche Dionys schonen mußte.
Plato kam also nun wieder nach Athen zurück,
und bey seiner Abreise schien den König nichts
mehr bekümmert zu haben, als die Furcht;
daß er nun nicht allein in ganz Griechenland
um den Namen eines Philosophen kommen,
sondern daß er auch als ein ungerechter und
tyrannischer König werde verschrieen werden.
Um wo möglich diesem üblen Ruf zu entgehen,
bemühte er sich, nun den Plato selbst verdächtig zu machen, und überall auszustreuen, daß
er für sich schon längst geneigt gewesen wäre,
die Krone niederzulegen und Syrakus frey zu
machen, daß aber niemand als Plato ihn

C

daran gehindert habe. Da Plato wirklich
vieles Geld von dem König erhalten haben
soll, auch sein Verwandter Speusippus, der
im Ruf des Geizes stund, vielleicht die Kasse
des reichen Königs nicht sehr geschont haben
mag; so ist es nicht unmöglich, daß diese Aus-
streuung hier und da Glauben fande, zumal
bey denen, welche den Ruhm des Plato und
seinen Reichthum beneideten. Er fand deswegen auch nöthig, sich zu verantworten, und
diese Verantwortung ist in dem dritten Brief
dieser Sammlung, bey mir dem vierten, ent-
halten.

Speusippus aber rächte ihn besser, als
ein solcher Brief, an einen solchen Mann,
solch eine Beleidigung rächen könnte. Dieser Schüler des Plato hatte Gelegenheit genug, auf der letzten Reise, die er mit seinem
Meister nach Syrakus gemacht hatte, zu be-
merken, daß ein großer Theil der Bürger,
und selbst ein großer Theil der Sizilianer, der
Tyranney herzlich überdrüssig wären. Dieses

entdeckte er dem Dion, und von dieser Stim=
mung des Volks gab er demselben so überre=
dende Beweise, daß der patriotische Syraku=
saner sich im Stand fühlte, den Tyrannen
auch mit einer geringen Macht zu stürzen.
Dion glaubte nicht allein dieses seinem Vater=
lande schuldig zu seyn, sondern er hatte auch
außerdem noch so viele Beleidigungen von dem
Dionys erfahren, daß er berechtigt war, ihn
zu einer strengen Verantwortung zu ziehen.
Denn der Tyrann hatte nicht allein sein Ver=
mögen eigenmächtig verkaufen lassen, und da=
mit geschaltet wie es ihm gut dünkte, sondern
er hatte sogar seine Frau ihm genommen, und
sie einem andern gegeben, und um das Maas
voll zu machen, den einzigen Sohn des Dion
so in aller Ueppigkeit und Schlechtheit erziehen
lassen, daß der unglückliche Vater die Absicht
des Tyrannen, seine Familie bis in ihrem be=
sten Blut zu zerstören, wohl voraussehen
konnte.

Voll von dem Gefühl dieser Beleidigun=
gen, die in seinem Herzen, das ohnehin streng
und in sich gekehrt war, nur desto bitterer
wurden, sammelte Dion eine geringe Anzahl
Volks, die sich nicht über tausend Mann be=
laufen haben soll, und schiffte mit diesem klei=
nen Heer nicht ohne Gefahr nach Sizilien.
Sobald er gelandet war, und nur etwas fe=
sten Fuß gefaßt hatte, fiel ihm ein großer
Theil der Sizilianer zu. Er näherte sich mit
diesen der Hauptstadt, und Syrakus öffnete
ihm die Thore, und empfieng ihn wie einen
Gott. Dionys war damals abwesend, und
der Statthalter, den er zurückgelassen hatte,
konnte sich mit Mühe noch in dem Schloß er=
halten. Auf den ersten Wink flog Dionys da=
hin, aber alles war schon so gut als verloren,
und dem Tyrannen blieb nichts übrig als List.
Dieser bediente er sich auch so gut, daß er
durch künstliche Briefe, worin er dem Dion
vorhielte, wie sehr er die Tyranney seines Va=
ters und im Anfang auch seine unterstützt hätte,

und durch allerley Anerbietungen den neuen
Protektor der Stadt bey dem Volk verdächtig
machte.

Mehr als diese Briefe wirkte aber die Ankunft eines andern Vertriebenen, nemlich des
Heraklids, welcher mit dem Dion nichts gemein hatte, als die Absicht, den Tyrannen zu
stürzen. Dion, der diesen Mann, und wie
es beynahe scheint, die Menschen überhaupt
nicht kannte, wollte sich schon im Pelopones
mit demselben vereinigen, und mit vereinten
Kräften auf den Tyrannen losgehen. Heraklid aber, welcher den Tyrannen nur stürzen
wollte, um sich an seinen Platz zu setzen, wollte
sich mit dem Dion, den er für sich zu gewinnen keine Hoffnung hatte, nicht einlassen, und
kam erst nun mit einer kleinen Flotte nach, da
Dion sein großes Werk schon zu Stande gebracht hatte. Die Ankunft dieses Mannes
war dem Volk überaus angenehm. Der
strenge Ernst des Dions mißfiel ihm schon lang,
und da dieser philosophische Patriot in allem,

was er that, nur das Beste, wie es in der
Ansicht der Sache sich darstellte, vor Augen
hatte; so glaubte er auch, daß er mehr nicht
brauche, als dahin zu deuten, um alles Volk
an sich anzuschließen. Heraklid hatte aber andere Absichten. Ihm war es um die Freyheit
des Vaterlandes nicht zu thun, und seine
Zwecke waren von der Art, daß er sich sorgfältig hüten mußte, sie bekannt werden zu laß-
sen, ehe er sie erreichen konnte. Er brauchte
also andere Künste als Dion, er brauchte die
gemeinen Künste aller Demagogen, das Volk
an sich zu ziehen; Künste, die von den älte-
sten Demokratien an, bis zu den allerneuesten
immer gebraucht worden sind, und die immer
wirksam waren, durch die Gährungen der
Anarchie den Despotismus auf den Thron zu
setzen. Auch war von Natur niemand ge-
schickter als er, diese Künste zu üben. Er
war tapfer und zum Feldherrn gemacht; dabey geschmeidig, zugänglich, herablassend,
nachsehend, schmeichlerisch, und mit dem Cha-

rakter des Pöbels überhaupt, und des Syra=
kusanischen insbesondere, aus dem Grund be=
kannt. Sobald er angekommen war, und
sahe wie die Sache stund, „erhub er die Ta=
pferkeit des Volks in seinen Kämpfen mit den
Soldaten des Tyrannen über alles. Er wun=
derte sich, daß Dion dieser Tapferkeit so we=
nig zugetraut, und noch ein solches Heer von
Miethsoldaten mitgebracht habe, das doch am
Ende, wenn Dion sich mit seinem Anver=
wandten, dem Tyrann, versöhnen sollte, ge=
fährlich werden könnte; er wünschte, daß
Dion und Dions Freunde doch noch einige Sy=
rakusaner sich an die Seite gesetzt hätten,
welche sie unter einem so edlen Volk, das so
wohl verdiente frey zu seyn, so leicht hätten
finden können, und welche den platonischen
Ernst dieser Philosophen, und ihre akademi=
sche Strenge ein wenig gemildert, und ver=
hindert hätten, daß die edlen Syrakusäner
nicht vielleicht doch am Ende nur mit Tyran=
nen gewechselt hätten, oder wohl gar nur dazu

gebraucht würden, um an ihnen die Staatssysteme, welche diese weise Männer sich erdäch-
ten, zu versuchen. Diese Systeme möchten
nun freylich sehr weise und sehr erhaben seyn,
aber er zweifle denn doch, daß Syrakus sich
nach den Sitten des strengen Dions und der
weisen Akademie werde modeln lassen, und,
dergleichen einem freyen Volk aufzudringen,
laufe doch gerade zu gegen die Rechte der
Menschheit. Da nun alle Authorität, da
die Quelle der Gesetzgebung, die Seele der
Staatsverfassung offenbar in dem Volk liege;
so scheine es doch, das Volk sollte sich diese
seine Rechte nicht nehmen lassen, und wenn
sie auch, so lange der Krieg daure, einen An-
führer brauchten; so sollten sie wenigstens dessen Gewalt unter mehrere theilen, sicher, daß
ein so weises und vortrefliches Volk immer die
besten wählen würde." Diese und dergleichen Vorstellungen wirkten so mächtig, daß,
ehe Dion nur so etwas ahndete, schon Heraklid ihm an die Seite gesetzt wurde. Dion

empfand das sehr übel, und sein neuer Col-
lege, der wohl wußte, daß er des Dions Soldaten noch nicht entbehren könnte, war gleich
bereit, sich diese Ehre, die das Volk ihm an-
thun wollte, zu verbitten. Vielleicht hätte
Dion ihn bey dem Wort nehmen sollen; aber
diese seine Nachgiebigkeit gewann ihn so sehr,
daß er nun nichts mehr von ihm befürchtete,
und ihn selbst zum Befehlshaber der Flotte be-
stellte, ihm auch sogar eine Leibwache bey-
gabe, wie er selbst eine hatte.

Nun war einmal Heraklid bis nahe an
den Dion gestiegen. Um sich auf diesem Po-
sten zu erhalten, und sich in Syrakus noch
wichtiger zu machen, rückte er nun aus mit
seiner Flotte, und schlug den Philistus, das
Haupt der Hofpartey, und den besten Freund
des Tyrannen. Er verfolgte aber diesen Sieg
so wenig, daß er den Dionys, wahrscheinlich
mit Vorbedacht, entwischen ließ; denn so wie
der Tyrann in des Volks Gewalt war, hörte

seine eigene Gewalt auf, die er noch viel län=
ger in Händen haben mußte, wenn er seinen
Endzweck erreichen wollte. Das Volk schrieb
freylich die Flucht des Tyrannen seiner Nach=
läſſigkeit zu, ihm aber wurde es leicht, dieſe
Flucht ſelbſt als das Ende der Tyranney dar=
zuſtellen, die ſich nur noch in dem mit einigen
Miethſoldaten beſeßten Schloß erhielte, und
der Pöbel war ihm zu günſtig, als daß es
ihm ſchwer hätte werden ſollen, ihn zu be=
ſänftigen.

Um dieſe Volksgunſt noch zu vermehren,
und den Dion immer noch mehr um ſeinen
Credit zu bringen, ſchlug er nun, als ob al=
les ſchon gethan, und Syrakus völlig befreyt
wäre, in der Volksgemeinde vor, daß man
jeßt eine neue Ordnung der Dinge
einführen müßte, deren Grund=
lage die Gleichheit nicht allein der
Bürger, ſondern auch der Güter
ſeyn ſollte. So ſehr war Dion nicht
Platoniker, daß er in dieſen Vorſchlag gewil=

ligt hätte; aber ohne je die Akademie besucht
zu haben, erklärte sich gleich der Pöbel für
den Heraklid. Man stritt heftig, hielte Reden für und wider den Vorschlag, und der Pöbel und die Partey des Pöbels siegte endlich so
sehr, daß sie in diesem Augenblick den Dion
umgebracht haben würden, wenn seine griechischen Soldaten ihn nicht beschützt hätten.
Da sie ihn von der Seite zu wohl bedeckt sahen, suchten sie diese Griechen durch Anbie-
tung ihres Bürgerrechts und eines Bürger-
looses zu gewinnen, und da endlich auch das
fehlschlug, drohten sie mit der letzten Gewalt.

Nun sah erst Dion, daß ein Volk die
Tyranney hassen kann, ohne die Freyheit zu
lieben. Ihn reute jeder Schritt, den er für
ein so ungerechtes Volk gethan hatte, und er
beschloß es zu verlassen. Gedeckt von seinen
treuen Soldaten verließ er auch wirklich die
Stadt, die er gerettet hatte, und die mehr
des Dionys, als eines Dions werth war.

Seine treulosen unweisen Bürger verfolgten ihn bis vor die Stadt, flohen aber schändlich sobald Dion sich umkehrte und sich zu Wehre setzte.

Heraklid war nun allein Herr. und wahrscheinlich würde er es lange geblieben seyn, wenn sich nicht gerade in der Zeit ein anderer Feldherr des Dionys, Nypsius, mit einer Flotte, welche der Besatzung im Schloß zu Hülfe kam, gezeigt hätte. Heraklid gieng diesem entgegen, und schlug ihn; aber immer bedacht, nur dem Volk zu gefallen, verfolgte er auch nun seinen Sieg nicht weiter, und ließ den Pöbel in der Ueberzeugung, daß er unüberwindlich wäre, ohne weiter an das Schloß und die Besatzung des Dionys zu gedenken; in der ausgelassensten Freude seine Siegesfeste mit jeder Ausschweifung, die ihre Fröhlichkeit ihnen eingab, begehen. Dieses war für die Besatzung auf dem Schloß ein erwünschter Augenblick. Sie fiel heraus, griff das unbesonnene Volk an, und schlug es; und

trieb es so in die Furcht, daß weder Heraklis
noch sonst jemand ihr widerstehen konnte.

In dieser Noth wagten es die Freunde des
Dions, vorzuschlagen, daß dieser ihr erster
Erretter wieder zurück gerufen würde, und
seine Feinde trauten nicht, dieses einzige noch
übrige Hülfsmittel zu mißrathen. Die Ge=
sandten des Volks trafen ihn und seine grie=
chischen Soldaten zu Leontium an. Dions
Seele war schön genug, ihren Bitten nachzu=
geben, aber er schämte sich, so etwas seinen
Soldaten zuzumuthen, und wollte allein ge=
hen. Von diesen war aber keiner, der ihn
verlassen wollte; und so machte er sich dann
auf, seine Vaterstadt zum andernmal zu retten.

Inzwischen hatte die Besatzung sich von
selbst wieder zurückgezogen, um auszuruhen,
und wie nun Heraklid und sein Anhang wie=
der einige Luft bekamen, war ihr erstes, in
ihrem Leichtsinn der Gefahr auch zu vergessen,
und den Dion, vor dem sie sich immer fürch=

reten, wieder zurück zu weisen. Dieser un-
erträgliche Leichtsinn seiner Landsleute erschreckte
ihn, er zog also nur langsam zu der Stadt;
kaum war aber die zweyte Gesandtschaft zurück gekommen, als die Besatzung des Tyrannen von neuem ausfiel, und die Syrakusaner
durch Mord und Brand so in die Enge triebe,
daß sie wieder genöthiget wurden, den Dion
zurück zu rufen; denn der Pöbel *) hat ohnehin wenig Schaam, und die Noth macht
immer noch unverschämter. Dion verließ sein
Volk auch diesmal nicht, und kam und rettete
es nicht allein von der Gefahr, in welcher es
stand, sondern er eroberte auch sogar die Vestung selbst, wo sich die Besatzung nicht mehr
halten konnte.

Schwerlich sollte man denken, daß Dion
nach solchen Beweisen seiner Großmuth noch

---

*) Unter Pöbel im politischen Sinn verstehe
ich diejenigen, welche entweder an Vermögen oder
an Ehre nichts zu verlieren haben; im philosophischen Sinn werden diejenigen für Pöbel
geachtet, welche nur Vermögen oder Ehre auf alle
Weise zu erwerben trachten.

irgend einem Verdacht blos gestanden habe.
Aber es scheint das nun einmal von jeher der
Genius des Pöbels gewesen zu seyn, daß,
wenn er Jahrhunderte lang die
Sklaverey auf das zahmste getra=
gen hat, er in dem Genuß seiner
Freyheit, wenn irgend ein Zufall
sie ihm zuwirft, eben so wenig
Gränzen leiden kann, als er vor=
her Gränzen in seiner Niederträch=
tigkeit kannte. Heraklid wußte, daß er
auf diesen Geist des Pöbels zählen konnte.
Und im Vertrauen auf ihn war er der erste,
der nach der Eroberung der Vestung den An=
trag machte, daß nun dem Dion die höchste
Gewalt im Staat gegeben werden sollte. Die=
ser Antrag gewann ihm abermals den Dion,
und er verlor nichts dabey; denn er wußte
wohl, daß das Volk ihm kein Gehör geben
würde, auch wurde derselbe durchgehends ver=
worfen, und Dion theilte wieder, entweder
betrogen durch Heraklids Betragen, oder ge=

zwangen von dem Volk, die Gewalt mit diesem, dem er abermals die Flotte anvertraute.

Nun schien auch alles ruhig. Dion hatte
seine Frau wieder angenommen, und alle Anstalten getroffen, seinen verdorbenen Sohn
wieder seiner würdig zu machen. Aber das
schwerste war noch übrig. Denn nun mußte
Dion daran arbeiten, den Staat, dessen tie-
fes Verderben jedermann fühlte, wieder einzurichten, und eine neue Conſtitution einzu-
führen, welche sämmtliche Parteyen vereinigen, und das gemeinschaftliche Vaterland auf
immer glücklich machen könnte.

Es iſt wohl nicht sehr unwahrscheinlich,
daß Dion bey dieser Staatsrevolution die Abſicht hatte, die Demokratie, deren Mißbräuche
er in Athen zu gut gesehen, und in Syrakus
zu sehr erfahren hatte, wo nicht abzuschaffen,
doch so weit zu mäßigen, daß das geringe
Volk nur einen entfernten Einfluß in die
Staatsverwaltung haben sollte, wie etwa in
Sparta

Sparta damals und in Creta. Und, man
sage von den Rechten der Menschen was man
will; so ist doch, wie mich dünkt, eine solche
Regierungsform auch die einzige, welche sich
einige Dauer versprechen kann. Auch verlangt in der That das Volk, das nicht
verführt, oder übel regiert, oder
gedrückt wird, mehr nicht, als Sicherheit bey seinem Eigenthum,
Mittel zum Erwerb, Möglichkeit,
sich die zum erträglichen Leben
nothwendigen Bedürfnisse anzu-
schaffen; und wird ihm dieses, und
lassen ihm die höheren Stände
nur die Achtung wiederfahren, die
jeder Bürger von seinem Mitbürger fordern kann, und lassen sie
nur dem persönlichen Verdienst,
das sich in der Volksklasse dann
und wann durch ein Geschenk der
Natur, oder durch Zufall bildet,
den Zutritt zu den obern Classen;

D

so überläßt das Volk gerne dirsen
die Regierung des Ganzen. Da
wo aber etwas von diesem allem
versäumt wird, ist es natürlich,
daß das Volk weiter greift, und
hat es sich einmal der höchsten Ge
walt angemaßt; so ist in der Philosophie kein Mittel mehr, sie ihm
aus der Hand zu winden, sondern
alsdann bleibt nichts übrig als Ge
walt, oder Betrug, oder der Ue-
berdruß der Anarchie, um sie ihm
zu entreißen.

Und dieses empfand Syrakus in der
Epoche, wo seine Geschichte hier steht, in voller Maase. Dions Philosophie vermochte
nichts über das Volk; dem Heraklid hingegen
war es leicht, alle Unternehmungen des philosophischen Patrioten zu vereiteln. Er, der
das Volk da erwarten wollte, wo es seiner
Anarchie überdrüssig, ihn, den erklärten

Volksfreund, an die Spitze setzte, machte den
Dion bey jedem Schritt, den er that, verdächtig. „Warum hat er das Schloß nicht ge-
schleift? warum behielt er seine peloponeser
Soldaten bey sich? warum ruft er andere Griechen aus Corinth und andern Orten zu sich?
warum ist er immer so ernst, so eingeschlossen,
so zurückhaltend?" Alles das setzte den Dion
bey dem Volk in ein sehr zweydeutiges Licht,
und wo er hin wollte, da fand er den Heraklid und das Volk auf seinem Wege.

In diese Epoche fällt der vierte Brief des
Plato, bey mir der fünfte, nach dessen Inhalt
der Ruf, daß Dions Ehrgeiz zugleich mit
Schuld an dem Unglück des Syrakusanischen
Staates wäre, sich überall verbreitet zu ha-
ben scheint.

Die Antwort des Dion auf diesen Brief
ist nicht zu uns gekommen, und hat Dion ihn
erhalten, so wirkte er wenigstens nicht so viel
auf ihn, daß er andere Wege eingegangen

hätte. Vielmehr scheint der Mann von der Zeit an sich's vorgesetzt zu haben, seinen End= zweck ernstlicher zu betreiben, und da ihm nie= mand daran mehr hinderlich war, als Hera= klid; so ließ er es nun geschehen, daß seine Freunde diesen seinen gefährlichen Gegner er= mordeten.

Der Tod dieses Mannes war das Signal von seinem eigenen Fall. Das Volk empfand den Verlust seines Lieblings tief; doch scheint selbst Syrakus die Tugend seines Erretters zu sehr verehrt zu haben, als daß ein Syrakusa= ner Hand an ihn zu legen gewagt hätte. Ein Grieche, Calippus, ein Freund des Dion, den er zu leichtsinnig aus dem Pelopones zu seinem Kriegszug mitgenommen hatte, nahm die Rache des Volks über sich. Dieser er= schreckte zuerst den Dion mit täglich wiederhol= ten Nachrichten von dem Haß des Volks, dann überredete er ihn, ihm selbst den Auftrag zu geben, unter dem Vorwand, daß er von Dion abgefallen wäre, die Gesinnungen der Leute

zu erforschen. Durch dieses Mittel schaffte er
sich Gelegenheit, ohne dem Dion verdächtig
zu werden, selbst Meuterey in der Stadt an-
zurichten, und da er alles genug vorbereitet
hatte, gieng er mit einigen von seinem Anhang unbewaffnet in das Zimmer seines Freundes, und ermordete ihn. Die Verschwornen
wollten ihn anfangs erdrosseln, da er sich aber
zur Wehre setzte, so mußten sie sich einen Dolch
durch das Fenster reichen lassen, und Dions
Wache ließ sie machen!

Als Dion gestorben war, fanden sich
seine Freunde in der größten Sorge. Sie
schickten, wie es scheint, an den Plato, und
baten ihn herüber zu kommen, oder wenigstens ihnen guten Rath zu ertheilen. Dieses
veranlaßte den siebenten und den achten Brief,
bey mir den sechsten und siebenten, welche
beyde die merkwürdigsten in der Sammlung
sind, beyde aber dem Staat und den Freunden des Dion, an welche sie gerichtet sind, we-

D 3

nig nutzen konnten. In dem siebenten be-
gnügt sich Plato mit allgemeinen Vorschlägen
einer guten Gesetzgebung, und in dem achten
räth er zu einer Art von Staatsverfassung,
die mit der Spartanischen viel ähnliches haben
sollte. In beyden setzte er immer so viel
Mäßigung in der Partey, welche die Oberhand hatte, und so viele Tugend in der Ge-
genpartey voraus, daß die Freunde des Dions
schwerlich seinen Plan hätten durchsetzen können, wenn ihnen auch das Glück günstig gewesen wäre. Dieses verließ sie aber gänzlich.
Denn der Mörder des Dions, Calipp, brachte
bald zu Stande, was er und Heraklid dem
Dion Schuld gegeben hatten. Er machte sich
selbst zum Herrn von Syrakus; und da Hip-
perion, Dionysens jüngster Sohn, der sich
auf die Seite der Freunde des Dions geschlagen hatte, ihn wieder vertreiben wollte; so
entstunden bald so viele Factionen in der Stadt,
daß, ehe sichs beyde Parteyen versahen, Dionys wieder erschien, und seinen Thron wieder

aufs neue behauptete. Nicht lange hernach
stürzte ihn jedoch Timoleon zum andernmal,
und da nur genosse die Stadt einige Ruhe.
Nicht weil sie besser, sondern weil sie ganz er-
schöpft worden war. Denn nach einer kurzen
Erholung fiel sie aus der Hand eines Tyrannen in die Hand des andern, bis zur Zeit der
Punischen Kriege Hiero, aus dem Geschlechte
des Gelon, die Obermacht erhielte, und dieses unglückliche Volk mit einiger Billigkeit und
Weisheit regierte. Aber schon unter seinem
Sohn verschwand auch dieser kurze Traum!
Syrakus wurde von den Römern erobert; und
so hörte dieses Volk auf ein Staat
zu seyn, wie Athen, wie Sparta,
wie Corinth, wie Carthago, wie
Rom selbst aufhörte, und wie alle
Staaten aufhören werden, die entweder despotischer regiert werden,
als es die Natur des Menschen tragen kann; oder freyer, als die
Masse der Volkstugend es verdient,

D 4

Ich halte bey diesen letzten Perioden der
Geschichte von Syrakus mich gar nicht auf,
habe auch von den vorigen mehr nicht sagen
wollen, als was zur Erklärung der Platonischen Briefe, so weit ihr Inhalt sich auf Syrakus bezieht, vorausgesetzt werden muß.

Und nun überlasse ich es meinen Lesern,
zu prüfen, in wie weit diese Geschichte der alten Zeiten ein Vorbild der neuern sey. —

Außer den Briefen des Plato an die Syrakusaner hat dieser Philosoph auch noch einige
andere geschrieben, deren Uebersetzung ich, um
die Sammlung vollständig zu machen, den
Syrakusanischen werde folgen lassen.

---

# Plato's Briefe über die Syrakusanische Staatsrevolution.

---

## Erster Brief.

### Dion an Dionys und an die Syrakusaner.

Ich habe, so lang ich unter Euch lebte, Euren Staat mit so vieler Treue verwaltet; Ihr alle habt von meiner Mühe und Arbeit den größten Nutzen gezogen, und nun muß ich von Euch die drückendsten und unerträglichsten Beschuldigungen erfahren. Ich weiß gewiß, daß niemand von euch Ursache haben wird, sich über irgend eine harte und grausame Behandlung zu beschweren, die er in der ganzen Zeit gelitten hätte, in welcher ich unter euch gewohnt habe, und dieses Zeugniß müssen mir

D 5

alle diejenigen geben, welche mit mir in eurem Staat gelebt haben, von welchen viele selbst erfahren haben, mit welchem Eifer ich bey allen Gelegenheiten den Unterdrückten beygestanden bin, und wie viele Mühe ich mir gegeben habe, die Strafen abzuwenden, die ihnen bevorstanden. Dem ungeachtet werde ich, der ich an der Spitze Eures Staates Euch von dem Untergang errettet, und den größten Theil meines Lebens unter euch zugebracht habe, ich werde nun vertrieben, und auf eine so verächtliche Weise fortgeschickt, daß ihr euch schämen würdet, den geringsten Bettler so von euch zu lassen.

Sey es! ich will ferne von den Menschen schon Rath für mich selber finden! Aber du, Tyrann, wirst verlassen leben in deiner Einsamkeit. Dein vortrefliches Gold, das du mir auf die Reise gabst, wird dir Bacchus mit diesem Briefe wieder bringen. Zur Reise war mirs zu wenig, und zu meinem übrigen

Leben nutzt es mir nichts. Dir macht es
Schande, daß du es gabst, und mir würde
es Schande machen, wenn ichs nähme. Be-
halte es also, ich nehme es nicht! Dir ist es
einerley, so etwas zu geben oder zu nehmen.
Nimms also, und giebs einem andern deiner
Hofleute, dem du eben solche Beweise deiner
Achtung geben willst, wie mir. Ich habe
genug an denen, die du mir gegeben hast.
Ich kann jetzt wohl mit dem Euripides sagen:
daß, wenn einmal die Zeiten bey dir sich
ändern;

> Du wieder wünschen wirst solch einen
> Mann
An deine Seite!

Erinnere dich, wie oft unsre Tragiker ihre Tyrannen, wenn sie jetzt dem Tode nahen, aus-
rufen lassen:

Elender! Ohne Freunde muß ich sterben!
So läßt aber kein Dichter jemand aus Geld-
mangel sterben. Vielmehr sagen alle, die

Sinn haben mit dem Dichter. Nicht der Glanz des koſtbaren Goldes, nicht die Diamanten, nicht die Tafeln von Silber, glänzen in dem hoffnungsloſen Leben des Menſchen ſo in die Augen; nicht machen der reichen Saaten unüberſehliche Furchen ſo glücklich, als die brüderliche Eintracht guter Menſchen! Lebe wohl, und möchteſt du fühlen, wie groß Unrecht du mir thuſt, damit du gerechter und beſſer gegen andere werdeſt.

# Zweyter Brief.

## Plato an den Dionysius.

(In der gemeinen Sammlung der dreyzehnte.)

Der Anfang meines Briefs soll dir zugleich
zum Beweis dienen, daß er von mir ist. Es
speisten einst einige Lokrische junge Leute bey
dir, und da ich in einiger Entfernung von
dir saß, stundest du auf, und kamst zu mir,
und sagtest mir sehr freundlich etwas, das mir
und einem deiner Gäste, der bey mir saß, wohl-
gefiel. Dieser, der gerade einer von unsern
feinern Jünglingen war, sagte dir dann:
„Gewiß, Dionysius, Plato hat dir in der
Erlernung der Weisheit viel genutzt;“ und
du antwortetest: „auch in noch mehrern Dingen hat er mir vieles genutzt, und schon allein
dadurch, daß er auf mein Verlangen zu mir
hat kommen wollen, habe ich gleich anfangs
nicht wenig Vortheil gehabt.“ — Laß uns
nun in diesem Verhältniß bleiben, und immer

Sorge tragen, daß wir uns gegenseitig von
Tag zu Tag nützlicher werden.

In dieser Absicht schicke ich dir also nun
etwas aus der Schule der Pythagorder und
etwas über die logischen Unterschiede, dabey
aber auch einen Mann, dessen ihr, du und
Archytas (wenn anders dieser bey dir ange-
langt ist) euch vielleicht mit vielem Nutzen bedienen könnt. Der Mann heist Helikon, er
ist aus Cyzikus gebürtig, ein Schüler des Eu-
doxus, und artig in den Lehren seines Mei-
sters unterrichtet. Auch hat er vielen Umgang
mit, ich weiß nicht welchem Schüler des Iso-
crates gehabt, und mit einem gewissen Po-
lyxenus, aus dem Kreis der Freunde des Bry-
sons. Außerdem scheint er mir, was man
eben nicht häufig findet, angenehm in seinem
Umgang, und nicht von bösen Sitten; vielmehr geschmeidig und gut. Doch, ich sage
das von ihm nicht ohne Besorgniß; denn es
ist ein Mensch, von dem ich rede, und diese

Geschöpfe sind wohl gut, aber sehr veränder=
lich; wenige, und auch diese nur in wenigen
Fällen ausgenommen. Nun habe ich zwar
eben wegen dieser Besorgniß und dieses Miß=
trauens ihn in meiner Unterredung mit ihm
aufmerksam beobachtet; auch habe ich mich bey
seinen Landsleuten sehr um ihn erkundigt; und
noch habe ich niemand gefunden , der nicht
gut von ihm gesprochen hätte. *) Untersuche
du ihn nun selbst mit Vorsicht, und wenn du
Zeit hast, so bediene dich seines Unterrichts,
und philosophire auch in dem übrigen ferner
fort. Wo nicht, so laß wenigstens jemand
anders von ihm unterrichten, von welchem du
dann bey gelegener Zeit selbst wieder lernen

*) Diese Stelle hat Plutarch in einer kleinen Specu=
lation über die falsche Schaam angeführt, weil er=
sie aber als den Schluß dieses Briefs angiebt, hat
man schon vor dem Fabricius das übrige für undächt
gehalten. Mich dünkt aber, Plutarch kann sehr
wohl das, was Schluß der Empfehlung war, durch
einen Gedächtnißfehler für Schluß des Briefs ge=
halten haben. Zumahl da er, wie ich schon in der
Vorrede bemerkt habe, im Leben des Dions auch
selbst etwas aus dem folgenden Theil des Briefes
anführt.

kannst, damit du immer zunimmst an Werth und an Ruhm, und damit keine Zeit komme, in welcher das, was du dem Lokrier sagtest, daß ich dir nützlich wäre, nicht weiter Platz finde. Doch hiervon genug!

Die Aufträge, die du mir in deinem Schreiben gegeben hast, habe ich befolgt. Den Apoll habe ich dir gekauft, Leptines wird ihn dir mitbringen. Er ist von einem neuen, guten Meister, der sich Leochares nennt. Eben derselbe hat noch etwas anders verfertigt, das mir wenigstens sehr wohl gefällt. Ich habe es deswegen auch gekauft, und will es deiner Gemahlin verehren, weil sie, in gesunden und in kranken Tagen, auf eine dir und mir anständige Weise Sorge für mich getragen hat. Uebergebe es ihr also, wenn es dir anders angenehm ist. Ich schicke dir zugleich zwölf Krüge süßen Weins und zwey Krüge mit Honig für deine Kinder. Die Feigenlese war, als ich nach Haus kam, schon vorbey, und

und die Myrten in der Vorrathskammer waren verfault; künftig werde ich sie besser in Acht nehmen. Was aber die Pflanzen betrift, darüber wird dir Leptines mündlich Auskunft geben. Das Geld für diese Dinge und für den Ausfuhrzoll habe ich von dem Leptines genommen, welchem ich, ohne der Wahrheit zu nahe zu treten, die Sache auf eine Art, wie sie dir und mir anständig ist, angegeben habe; nehmlich, daß ich das Geld für das Leukadische Schiff vorgeschossen hätte, ungefähr 16 Minen. Diese habe ich also erhalten, und sie auf die Sachen, die ich euch schicke, verwendet.

Nun vernimm noch weiter, wie es mit dem Geld steht, das du in Athen liegen hast, und mit dem Meinigen. Ich werde, wie ich dir schon gesagt habe, mich deines Geldes eben so bedienen, wie ich das Vermögen meiner andern Freunde gebrauche; aber nur sparsam, und nur da wo es nöthig und gerecht und für mich schicklich und für diejenigen an-

E

ſtåndig iſt, von welchen ich es nehme. Und
eine Gelegenheit dazu fållt eben jetzt mir vor.
Einige meiner Schweſter Kinder, welche gerade in der Zeit ſtarben, als du mir die
Krone *) gabſt, die ich nicht annehmen wollte,
haben mir vier Tøchter hinterlaſſen. Die ål-
teſte von ihnen iſt nun mannbar; die zweyte
ſteht im achten Jahr; die dritte iſt etwas über
drey Jahr alt, und die vierte hat noch kein
Jahr zurückgelegt. Welche nun von dieſen
zu meinen Lebzeiten heurathet, die muß ich
und meine Freunde ausſtatten; diejenigen, deren Vermåhlung ich nicht erlebe, laſſe ich für
ſich ſorgen, und auch denjenigen von meinen
Anverwandten, deren Våter reicher ſind als
ich, brauche ich zu ihrem Heirathsgut nichts
zu geben. Jetzt aber bin ich reicher als dieſe.
Ihre Mütter habe ich nebſt dem Dion und an-

*) Ich erinnere mich nicht, von dieſem Umſtand etwas
in dem Leben des Platö geleſen zu haben. Doch
geſchah es wohl auch, daß fremde Staaten einem
Athenienſiſchen Bürger Kronen verehrten. Wie
Potter bemerkt im 1. Buch ſeiner Archåologie im
25. Capitel.

dern ausgestattet. Die eine dieser Mädchen
wird sich nun an den Speusippus, dessen
Schwester Tochter sie ist, verheurathen. *)
Sie braucht zu ihrem Heurathsgut mehr nicht
als 30 Minen; **) denn soviel ist unsern
Umständen angemessen; ferner brauche ich,
wenn meine Mutter stirbt, zehn Minen ***)
für ihr Grabmahl; und das ist dann alles,
was ich dermahl brauche. Sollte nun aber
noch irgend ein Aufwand für meine Reise zu
dir vorfallen, entweder zu Bestreitung der
öffentlichen Ausgaben, oder zu irgend einer
Privatverwendung; so werde ich es damit halten, wie ich dir ehemals sagte. Nämlich,
daß ich so wenig aufwende, als es immer
möglich ist; daß aber du das hergiebst, was
sich nicht vermeiden läßt. †)

E 2

*) Plato's Schwester Potone hatte den Eurymedon
geheurathet, und ihm den Speusippus gebohren.

**) Ungefähr 1200 Gulden unsers gemeinen Reichs-
geldes.

***) Ungefähr 400 Gulden.

†) Daß Socrates dem Dionys so geschrieben haben
würde, wie Plato that, wird wohl nicht leicht je-

Nun mußt du aber auch ferner noch vernehmen, was es mit dem Geld, welches du
in Athen verwendeſt, für eine Beſchaffenheit
hat. Soll ich für dich etwas auf irgend ein
öffentliches Schauſpiel oder ſonſt verwenden;
ſo wird ſchwerlich einer deiner hieſigen Freunde
dir das Nöthige dazu vorſchießen wollen. Auch
ſcheint es mir für dich nicht gleichgültig, wie
du dieſen Aufwand machſt; denn wenn du ihn
gleich baar hergiebſt, ſo wirſt du Vortheil davon haben; willſt du aber die Zahlung ſo lang
verſchieben, bis jemand von dir ohnehin hier

. . . . mand behaupten wollen. Aber ſo ſehr würdigt doch
auch dieſer Umſtand den Plato nicht herab, daß
man deswegen dieſen Brief für unächt halten ſollte.
Seine Reiſekoſten fordert er mit voller Billigkeit,
und es war für den König eine Ehre, daß er des
Philoſophen Verwandte ausſtatten durfte; auch
fordert dieſer nicht allein nichts für ſich, ſondern
die folgenden Briefe beweiſen, daß er wegen dieſer
Geſchenke des Königs doch nie ſich gegen ihn weg-
geworfen habe. Dem Speuſippus aber war es allerdings unanſtändig, daß er eben den, welcher
ſeine Frau hatte ausſtatten helfen, doch nachher zu
ſtürzen und den Dion gegen denſelben aufzureizen
ſuchte. Dieſer Mann ſcheint aber überhaupt auch
ſeine Stelle unter den Philoſophen nur der Ver-
wandſchaft des Plato zu danken zu haben.

herkommt; so wird es dir mehr schädlich seyn,
indem dir dann der Aufwand schwerer wird,
und du keine Ehre davon hast. Auch habe
ich schon einen Versuch dieser Art gemacht;
denn da ich den Erast nach Egina zu deinem
Freund, dem Andromedes, schickte, an welchen du mich, wenn ich Geld brauchte, ge-
wiesen hast; und ich von demselben den Vorschuß für die größere Bestellung, die du verlangtest, aufnehmen wollte; sagte er mir sehr
vernünftig und natürlich, er habe vor dem
auch schon für deinen Vater mehrere Vorschüsse
gethan, aber er habe immer seine Zahlung
nur mit vieler Mühe wieder erhalten können;
kleinere Summen wolle er wohl hergeben, aber
größere nicht. Und deswegen blieb mir also
nichts übrig, als das Geld von dem Leptines
zu nehmen. Von diesem muß ich aber auch
nicht nur seine Bereitwilligkeit, den Vorschuß
zu leisten, billig rühmen, sondern auch die
Art, wie er überhaupt von dir sprach und gegen dich handelte, wodurch er die größten Be-

weife feiner Ergebenheit gegen dich an den Tag
gelegt hat. Und dieses halte ich mich für verpflichtet, dir eben so zu melden, als ich dir
es offenbaren werde, wenn mir jemand anders, überhaupt, wie jeder mir gegen dich
gefinnt zu feyn fcheint. ―――

Von diefen Geldfachen aber und von deinen Dienern fchreibe ich dir übrigens gerne fo
freymüthig, auch erfordern es die Umftände,
und außerdem habe ich öfters erfahren, daß
deine Diener zwar immer verfichern, daß fie
dir, was fie felbft für Aufwand zu machen
nöthig achten, eröffnen wollen, und doch thun
fie es nie, aus Furcht, dir zu mißfallen. Ge-
wöhne du fie alfo anders und befehle ihnen,
daß fie dir immer von allem, das Angenehme
eben fo wie das Unangenehme melden fol-
len. *) Denn es ift nöthig, daß du alles,

*) Plutarch erzählt im Leben des Lucullus, daß Ti-
grannes, der König von Armenien, denjenigen,
welcher ihm die erfte Nachricht von Lucullus Marfch
gegen ihn gegeben hat, tödten laffen, worauf nie-

so viel es immer möglich ist, erfahrest, um
selbst darüber zu entscheiden. Scheue du dich
also nicht, alles zu hören und zu erfahren, wie
es ist. Denn daß alles wie es recht ist, angewendet, und nach der Billigkeit die Schul-
den wieder bezahlt werden, das ist, wie du
selbst zu sagen pflegst, und künftig noch mehr
einsehen wirst, die beste Haushaltungs- und
Regierungskunst; wäre es auch nur, daß diejenigen, die sich das Ansehen geben wollen,
als ob sie für dich besorgt wären; nicht daher
Anlaß nehmen, dich zu verläumden, welches
dir offenbar schädlich seyn, und wenig zu deiner Ehre gereichen würde. —

E 4

mand ihm mehr etwas von den Vorschriften des
Römischen Heers zu sagen getraut habe. Die na-
türliche Folge war, daß Lucull vor den Thoren seiner Residenz stande, ehe der König ein Wort davon wußte. — Die Griechen haben eine ähnliche
Geschichte, die in Amykla vorgefallen ist, zum
Sprichwort gemacht: Durch Schweigen fiel Amykla — Nur allein Amykla? O seidene Ohren der
Könige, und seidene Zungen des Hofgesindes! —

Neben diesem allem möchte ich nun gerne noch einiges von dem Dion sagen; zwar in der Hauptsache kann ich ehe nichts schreiben, bis die Briefe, die du mir versprochen hast, anlangen; auch habe ich über die Dinge, welche du mir befahlst geheim vor ihm zu halten, nichts mit ihm gesprochen, auch mir davon nichts merken lassen; nur habe ich ganz von weitem sondirt, ob er das, was du vor, hast, übel aufnehmen, oder ob es ihm gleich, gültig seyn werde; und mir kam's vor, daß er es tief empfinden werde, wenn du es thun solltest; im übrigen aber spricht er von dir mit vieler Bescheidenheit. *)

*) Daß Plato nicht ernstlicher für seinen Freund schriebe, kann man wohl nicht tadeln, da er damals noch Hoffnung hatte, den König mit ihm zu versöhnen. Was das aber gewesen ist, worüber Plato ihn sondiren sollte, ist schwer zu rathen. Damals bekam Dion noch seine Einkünfte von dem König nach Athen geschickt, und als dieser des Dions Vermögen nachher verkaufte, wie Plato in einem folgenden Brief erzählt, war dieser Vor, schlag dem Philosophen ganz neu; also ist er, wie es scheint, zu der Zeit, in welche dieser Brief fiel, noch nicht gefaßt worden. Vielleicht betraf er die Gemahlin des Dions, welche Dionys wohl damals

Dem Kratinus, dem Bruder des Timo-
theus, geben wir, dächte ich, einen schönen
Harnisch, wie unsre Soldaten zu Fuß sie tragen; und den Töchtern des Cebes drey schöne
Kleider, etwa von sieben Ellen jedes, nicht
gerade von der Amorynischen besten, sondern
von eurer Sizilischen Leinwand. Des Cebes
Name wird dir übrigens nicht unbekannt seyn.
Er ist einer von denen, die in den Sokrati-
schen Gesprächen vorkommen, nämlich in dem

E 5

_____

schon gern von ihm getrennt haben wollte. Das
scheint mir überhaupt nicht zu leugnen, daß Plato
zwischen diesen Beyden eine unentschiedene Rolle
spielte, die aus seiner Philosophie weniger, als
aus seinem Charakter und seiner Gewissenhaftig-
keit, sich keiner Undankbarkeit schuldig zu machen,
zu erklären ist; denn ehe noch Dionys mit dem
Dion gebrochen hatte, war Plato schon dem König
für manche Dinge Dank schuldig. In diesen Zeiten war es aber immer ein schweres Problem, wie
weit man sich, um seiner Freunde willen, von seinen Grundsätzen entfernen dürfe; und selbst Chilo
konnte den Gedanken, seinen Freund zu verurthei-
len, so wenig ertragen, daß er sich lieber durch
eine häßliche Jesuiterey heraushalf, und indem
er ihn selbst verurtheilte, seine einfältigen Mitrich-
ter überredete, ihn los zu sprechen. Gell. N,
A. I. 3.

von der Seele, in welchem er nebſt dem Sim
mias ſich mit dem Socrates unterredet, ein
Mann, der uns allen lieb und gewogen iſt.

Das Zeichen, woran du unterſcheiden
kannſt, in welchen meiner Briefe ich es ernſt-
lich meyne, und in welchen nicht, wirſt du,
wie ich hoffe, noch nicht vergeſſen haben.
Doch mache ich dich noch einmal aufmerkſam
darauf, und bitte dich, es wohl zu merken;
denn viele verlangen von mir Schreiben an
dich, welchen ich es nicht gerne geradezu ab-
ſchlagen mag. Die Briefe nämlich, an welchen mir gelegen iſt, werde ich immer mit dem
Wort: Gott, in der einfachen Zahl anfangen; ſage ich aber im Anfang: Götter, ſo
kannſt du ſchließen, daß es mir kein rechter
Ernſt iſt.

Auch die Geſandten haben mich gebeten,
daß ich dir ſchreiben ſoll, und das iſt auch ſehr
billig; denn ſie ſprechen überall viel Gutes
von dir und mir; insbeſondere der Philarchus,

der jetzt gerade vieles an seiner Hand leidet,
So hat auch Philodir, der eben von dem König in Perſien zurückkommt, vieles von dir
geſprochen, welches ich dir, wenn ich nicht be-
ſorgte, daß mein Brief zu lang werden
möge, ſchreiben würde; nun kannſt du es vom
Leptines hören.

Den Harniſch und die andern Sachen,
wovon ich dir geſchrieben habe, kannſt du,
wenn du etwa ſelbſt willſt, mitgeben; haſt du
aber niemand, ſo kannſt du ſie auch dem Te-
rillus anvertrauen; denn unter den Seeleuten
iſt er mein liebſter Bekannte, auch iſt er ſonſt
und ſelbſt in der Philoſophie artig unterrichtet;
Tiſonus, der damals, als ich zu dir reiſte,
die Aufſicht auf die Straßen-Polizey hatte,
iſt ſein Schwiegervater.

Nun lebe wohl! Fahre fort zu philoſo-
phiren und ermuntere die jungen Leute, welche
um dich ſind, auch dazu. Grüße deine Ball-
geſellſchaft von mir, und befehle dem Ariſto-

krit und deinen andern Dienern, daß ſie dir
es gleich melden ſollen, wenn ich dir etwas
ſagen laſſe oder ſchreibe, und daß ſie dich fleißig an alles erinnern, was ich dir ſchreiben
werde. Vergeſſe nun auch ja nicht zu verord-
nen, daß dem Leptines ſeine Auslagen gleich
wieder erſetzt werden, damit ſein Beyſpiel auch
andere ermuntere, mir gefällig zu ſeyn. Der
Jatrokles, den ich neulich nebſt dem Myroni-
des freygelaſſen habe, iſt von mir beſtellt worden, dir das, was ich dir ſchicke, zu über-
bringen. Gieb ihm irgend etwas zum Lohn,
denn er iſt auch ſehr gut gegen dich geſinnt,
und du kannſt ihn brauchen, zu was du
willſt. — Uebrigens überlaſſe ich es dir, ob
du dieſes Schreiben oder doch einen Auszug
davon verwahren zu laſſen, gut findeſt.

# Dritter Brief.

## Plato an Dionyſius.

(in der gemeinen Sammlung der zweyte.)

Du ráthſt mir, wie Archedemon mir geſagt hat, daß ſowohl ich als meine Freunde wohl thun würden, wenn wir aufhörten durch Worte oder Werke dir wehe zu thun. Nur den Dion nimmſt du aus, und daß du den ausnimmſt, das beweißt, daß ich über meine Freunde keine Gewalt habe. Hätte ich einige über ſie, oder über dich und den Dion, ich bin gewiß, es würde euch allen und den übrigen Griechen beſſer ſeyn. Nun aber habe ich nur darin Gewalt und Stärke, daß ich ſelbſt treu gehorche meinem beſſern Sinn!

Wiſſe indeſſen, und glaube, daß du von dem Kratiſtalus und Polixenus irrig berichtet worden biſt. Der eine ſoll dir geſagt haben, er habe gehört, daß mehrere aus meiner Geſellſchaft auf den Olympiſchen Spielen ſehr

Abel von dir gesprochen hätten. Vielleicht hört
der Mann besser als ich, denn ich habe so et=
was nicht gehört. Wenn dir wieder so etwas
von uns zu Ohren kommt; so rathe ich dir,
schreibe es mir gleich, und frage mich, ob dem
so sey? und glaube gewiß, daß ich mich we=
der schämen noch scheuen werde, dir die Wahr=
heit zu sagen.

Du kennst die Verhältnisse, in welchen
wir stehen, du und ich. Wir sind beyde bey=
nahe in ganz Griechenland bekannt, und je=
dermann weiß, daß wir mit einander gelebt
haben; auch wird man davon in der künftigen
Zeit gewiß nicht schweigen. Denn es wissen
viele nur allzugut, daß mein Umgang mit dir
groß und gewiß nicht unbedeutend war.

Und wozu das alles? Höre, ich will dirs
sagen vom Anfang, wie ichs denke.

Große Gewalt und große Weisheit sind
geschaffen beysammen zu wohnen. Sie fol=

gen einander, suchen einander und leben gern
zusammen, und die Menschen freuen sich ihrer
wo sie sie beysammen sehen, oder von ihrer
Vereinigung hören, sey's in dem wirklichen
Leben und in dem Umgang der Menschen,
oder in den Gemählden der Dichter. So oft
wir von dem Hiero sprechen, oder von dem
Lacedämonischen Pausanias, unterlassen wir
nie, uns mit Wohlgefallen auch ihres Freundes, des Simonides, zu erinnern, und uns
zu erzählen, was er mit ihnen gethan und gesprochen hat. Unsre Lieder besingen nie den
Periander von Corinth, ohne den Thales von
Milet. So steht überall, neben dem Peri-
kles der Anaxagoras, und Krösus und Solon
die Weisen, neben dem gewaltigen Cyrus.
Diese in der Natur so schöne Vereinigung der
Weisen und der Gewaltigen ahmen die Dichter nach. Zu ihren Creons setzen sie ihre Te-
resias, den Minos zum Polyedus, zum Aga-
memnon den Nestor, den Ulys, den Pala-
medes, und fast glaube ich, daß in eben dem

Geist die Alten selbst dem Jupiter ihren Pro-
metheus beygegeben haben.

Einige von diesen erscheinen uns dann in
beständiger Eintracht, andere in beständiger
Uneinigkeit. Viele sehen wir zu einer Zeit als
Freunde vereinigt, zu einer andern getrennt
als Feinde, einstimmig in einigem und in anderm verschiedenen Sinnes.

Wenn du nun das siehst, so wirst du bedenken, daß, wenn wir sterben, unser Ruf
nicht zugleich mit uns vergeht. Für diesen
Ruf müssen wir also auch Sorge tragen.
Denn mich dünkt, uns darf die Zukunft nicht
gleichgültig seyn. Nur die verworfenen nie-
drigen Seelen hat die Natur gleichgültig gegen den Nachruhm gemacht; aber der Edle
thut alles, damit sein Andenken in Ehren
bleibe, wenn er nicht mehr ist. Und das
ist mir ein Zeichen, daß die Abge-
schiedenen noch zurückempfinden
auf die Erde, die sie verlassen
haben;

haben; auch ahndet das hier schon
die Seele des bessern Menschen;
der Schlechte ahndet es nicht; wahrer aber ist die Ahndung der Seele
des Göttlichern!

Nun, dünkt mich, wenn die Gestorbenen,
von welchen ich sprach, es noch machen könnten, daß ihr Umgang mit ihren weisen Freunden tadelloser würde, gewiß würden sie dann
thun was sie könnten, damit man besser von
ihnen redete als nun. Das ist aber dir und
mir durch Gottes Willen noch möglich. Noch
können wir, wenn wir in der vergangenen
Zeit nicht so mit einander gelebt haben, wie
es sich gebührte, alles wieder durch That und
Worte gut machen. Aber nur durch die Lehren der Weisheit erhalten wir den wahren
Nachruhm, und schön wird der seyn, wenn
wir diesen Lehren folgen; aber, wie gar anders, wenn wir ihnen widerstreben? Wir
können also nichts heiligers noch bessers thun,

F

als auf diesen einzigen Zweck alle unsre Sorgen zu richten, und nichts schlechters oder den
Göttern mißfälligers, als wenn wir das nicht
thun. Wie wir aber nun uns gegen einander
zu betragen haben, und was von uns Beyden
unsre Pflicht erfordert, das höre!

Als ich nach Sizilien kam, wurde ich für
einen der besten Philosophen gehalten. Ich
kam zu dir nach Syrakus, um durch dich der
Philosophie selbst bey dem Volk Ehre zu machen. Aber das gelang mir nicht. Ich will
nicht behaupten, daß das, was man wohl sagen könnte, die Ursache wäre, warum mir
fehlgeschlagen ist, was ich mit dir vorhatte.
Es fehlte dir vielleicht nur am Vertrauen zu
mir, und da magst du wohl gleich damals die
Absicht gehabt haben, mich bald wieder von
dir zu entfernen, um dir andere an meinen
Platz anzuziehen, die inzwischen von mir lernen und meine Meinungen ausforschen sollten,
alles, weil du mir selbst nicht trautest. Das

misbilligten nun Viele, und viele sagten laut,
daß du mich verachteteſt; und dich mit gar andern Dingen abgäbſt. So ſprachen die Leute
von dir, und nun höre, was du thun mußt,
damit auch ich, wie du es verlangſt, dir ſagen kann, wie wir künftig mit einander ſtehen können.

Schätzeſt du die ganze Philoſophie nicht
werth der Mühe, dich damit abzugeben; ſo
lege ſie lieber gleich bey Seite. Oder haben
dir andre etwas beſſers geſagt, oder haſt du
ſelbſt etwas beſſers gefunden, als ich dir ſagen
konnte; ſo bleibe bey dem. Gefällt dir aber
das, was ich dich lehrte; ſo mußt du auch
ſelbſt für mich mehr Achtung haben.

Nun ſteht alſo alles wieder bey dir, wie
es im Anfang unſrer Bekanntſchaft ſtande.
Wie du vorgehſt, ſo werde ich folgen: wie
du mich ehrſt, werde auch ich dich ehren. Sez-
zeſt du aber die Achtung gegen mich beyſeite;
ſo werde ich mich begnügen zu ſchweigen.

Wenn man sehen wird, daß du mich ehrst; so wird man glauben, daß du auch die Philosophie in Ehren hältst, und dann wirst du erreichen, was du von jeher gewünschet hast, daß dich das Volk selbst für einen Philosophen halte. Würde aber ich dich hochschätzen, ohne ein gleiches von dir zu erhalten; so wird jedermann glauben müssen, daß ich nur deine Reichthümer verehrte, und nach deinen Schäzzen strebte. Und wir wissen Beyde, daß man dergleichen Gesinnungen keinen schönen Namen zu geben pflegt. Ueberhaupt, wenn du mir Achtung erweisest, so gereicht das dir und mir zur Ehre; aber, wenn nur ich allein dir anhange; so beschimpfen wir uns beyde! So denke ich über die Lage, in welcher wir uns befinden. *)

*) Diese Stelle wird dem Plato so übel genommen, daß man deswegen den ganzen Brief für unächt erklären will. Man läßt, sagt man, den Plato hier von sich mit solchem Stolz reden, daß es ihm wohl nie eingefallen seyn würde, sich solcher Ausdrücke zu bedienen. Mir scheint Plato hier gegen den Dionys nichts zu sagen, als was er sagen

Was du mir über das Verhältniß der Ku
gel *) sagst, das ist nicht richtig, und das

F 3

mußte, um sich vor seinem königlichen Schüler nicht
wegzuwerfen. Er sagt das dabey mit so viel feiner
Schmeicheley gegen den Dionys, daß wohl nie-
mand ihn darüber tadeln sollte. Offenbar war sein
Umgang mit dem Dionys überall bekannt, und der
Tyrann konnte die Erwartung, daß die Nachwelt
von diesem Umgang noch reden werde, eben sowohl
auf seine als auf Plato's Rechnung setzen. Am
Ende konnte wohl Plato auch stolz seyn auf seinen
Geist; wenn anders die Würdigung seiner Selbst,
die von dem Urtheil der Welt und der Nachwelt
bestätiget wird, Stolz genannt werden darf.
Schreibt doch selbst Aristoteles dem Antipater:
Nicht Alexander allein hat das Recht, stolz zu seyn,
weil viele Menschen ihm unterthänig sind; wer
die Gottheit erkennt, wie er soll, hat eben das
Recht. (Plut. περὶ Ἐυθυμίας) Ueberhaupt ist nur
das eigentlich ein tadelswürdiger Stolz, der andre
verachtet, und ein lächerlicher Stolz, der sich einen
Werth zuschreibt, den er entweder nicht hat, oder,
der kein Werth ist.

*) Das griechische Wort, dessen Plato sich hier bedient,
heißt vielleicht nicht eigentlich eine Kugel im mathe-
matischen Sinn. Deswegen zweifelt auch Corna-
rus, ob das Wort hier richtig gebraucht werde. So
wie er sich aber damit tröstet, daß nicht viel darauf
ankomme, ob man diese Stelle, welche Plato so un-
deutlich ausdrückt, verstehe oder nicht; so kann ich
mich auch wohl trösten; wenn ich sie anders übersetze als sie gemeint ist, zumal da man doch auch
σφαιρα, in der Bedeutung, welche σφαιριδιον hat,
antrifft; warum nicht auch umgewandt?

wird dir Archedemus erklären, wenn er zu
dir kommt.

Größer aber, und wichtiger, und heili=
ger ist die Frage, die du mir durch deinen Ge=
sandten vorgelegt hast, und über diese muß
ich ihn genau belehren; denn du bist, wie er
mir erzählte, mit dem, was ich dir von der
Natur des Ursprungs aller Dinge sagte, nicht
zufrieden gewesen. Ich kann dir aber das,
was ich dir darüber zu sagen habe, nur gleich=
nißweis sagen, damit, wenn mein Schreiben
zu Wasser oder zu Land verloren werden sollte,
der, welchem es in die Hände fällt, es nicht
verstehe, wenn er es auch schon lesen sollte.
So ist es aber damit:

Alles ist um den König des Gan=
zen, alles ist um Seinetwegen da,
und in ihm ist der Grund von al=
lem Guten und Schönen: Der
zweyte vom zweyten, der dritte
vom dritten. Das nun wünschet

die Seele des Menschen zu ergründen, und sucht in sich und ihres Gleichen; aber da ist nichts, das gnüge, und in dem König und in dem übrigen, wovon ich sprach, ist nichts, das dem gleiche; da spricht die Seele von dem, was nach ihm ist! *)

F 4

*) Dieses bezieht sich auf Plato's Lehre von der Entstehung der Dinge. Gott, als das erste, hat seinen Grund in sich, so weit ist er die erste Ursache des ersten. Das zweite nach ihm ist, nach Plato, die Welt und die Dämonen. Was diese Schönes und Gutes wirken, davon ist Gott die zweyte Ursache. Von diesen Dämonen wurden endlich die Menschen und die Thiere theils geschaffen, theils bewohnt, das ist also das Dritte, von welchem Gott die dritte Ursache ist. Dem ersten, der Gottheit selbst, gleichen die Dämonen so wenig als die Welt; in diesen kann also die menschliche Seele nichts göttliches finden. Sie spricht also von dem, was nach Gott ist, nemlich von den Dämonen und der sichtbaren Welt.

Es wollen einige auch mit dieser Stelle ihre Behauptung, daß Plato etwas von der Dreyeinigkeit in seinem System aufgenommen habe, belegen. Tiedmann in seiner Untersuchung über den Geist der spekulativen Philosophie im II. Buch S. 118 widerlegt diese Meinung. Er deutet diese Stelle et-

Aber, o Sohn des Dionysius und der
Doris! was soll ich dir weiter sagen über die

was zweifelhaft auf Gott, die Weltseele und die
Sonne. Eine Deutung, die von der meinigen wenig verschieden ist. Wenn aber derselbe zugleich bey
dieser Gelegenheit diesen Brief verdächtig machen
will, so scheint er mir zu weit zu gehen. Seine
Gründe sind, weil in demselben viele Gemeinplätze
eingestreut wären, und solche nicht sehr zusammenhängend vorgetragen würden, wovon zum Beyspiel
angeführt wird, weil Plato aus den Beyspielen
der Vereinigung mächtiger Menschen mit Weisen
folgere, Dionys und er würden der Vergessenheit
nicht entgehen; zum andern sage Plato, er habe
des Dionys Bekanntschaft gesucht, um die Philosophie bey dem Volk in Ansehen zu bringen; da doch
Plato sonst überall den großen Haufen nicht achte,
und da nicht er den König, sondern dieser ihn gesucht habe: Endlich drittens werde der Ausdruck:
die Seele sagt, erst bey spätern Schwärmern,
nämlich dem Philo gefunden.

Was den ersten dieser Einwürfe betrift, so
scheint mir einmal Dionys ein Mann gewesen zu
seyn, bey welchem Gemeinplätze wohl angewendet
waren, und wenn man alle die Schriften des Plato
für unächt erklären wollte, in welchen dergleichen
vorkommen, so würden nicht viele übrig bleiben;
manches auch mag wohl zu unser Zeit Gemeinplatz
seyn, das es zu Plato's Zeit nicht war. In der
That finde ich aber auch solcher Gemeinplätze in diesem Schreiben wenige, und daß Plato überhaupt
seine Gedanken nicht immer sehr zusammenhängend
vorträgt, kann auch wohl keinem seiner Leser entgehen; auch wird wohl kein Kritiker so strenge
seyn, daß er in einem Brief eben einen solchen Zu-

Frage: woher denn das Böse kommt? Diese
Frage bekümmert die Seele des Denkers, und
B 5

sammenhang der Ideen verlangen sollte, als was
ihn in einer philosophischen Abhandlung sucht. Die
Gegenstände, die man sich in Briefen mittheilt, sind
oft so verschiedener Art, daß sie sich in keinen Zu-
sammenhang bringen lassen. Das Beyspiel, das
Herr Tiedmann anführt, belegt aber außerdem auch
seinen Vorwurf nicht im geringsten; denn Plato
sagt etwas sehr anders, als was Herr Tiedmann
ihn sagen läßt. Man sieht aus diesem Schreiben,
daß der König dem Philosophen auf eine unschick-
liche Art zu begegnen anfieng. Dieser wollte ihm
darauf zu verstehen geben, daß er das nicht leiden
werde. In dieser Absicht macht er also erst den König auf ihre Verhältnisse, die der Nachwelt nicht
unbekannt bleiben würden, aufmerksam; dann bemerkt er in verschiedenen Beyspielen, wie sehr diejenigen Großen von der Nachwelt getadelt würden,
welche ihre weiseren Freunde nicht anständig behandelt hätten; und endlich ermahnt er ihn, sich nach
diesem Beyspiel zu richten, wobey er ihm zugleich
deutlich sagt, daß er wegen des Reichthums des Königs sich nicht unschicklich von ihm werde behandeln
lassen. Mich dünkt, diese Ideen hängen alle wohl
zusammen, und keine derselben enthält einen Gemeinplatz. Der zweyte Grund, den Herr Tiedmann
gegen die Ächtheit dieses Briefes anführt, scheint
mir eben so unschließend. Plato wollte allerdings
die Philosophie nicht populär gemacht haben, aber
Ehrfurcht gegen sie wollte er doch dem Volk einprä-
gen. Da nun dieses von einer bloßen theoretischen
Philosophie, von welcher dasselbe keinen Nutzen hat,
schwerlich zu erwarten war; so schiene es Plato auch

wer diese nicht auflösen kann, der rühme sich
nur nicht, die Wahrheit gefunden zu ha-

zu dieser Absicht wichtig, daß einer der reichsten und
ein angesehener König seines Zeitalters dem Volk
durch Thaten beweise, wie wohlthätig zumal auf
dem Thron die ächte Philosophie werden könne. Das
sagt aber Plato nicht, daß er von selbst zu dem König gekommen wäre. Die Stelle, auf welche Herr
Tiedmann zielt, leidet gar wohl die Erklärung, daß
Plato's Absicht, die Philosophie dem Volk ehrwürdig zu machen, eine mit von den Ursachen gewesen
wäre, warum er sich habe überreden lassen, zu ihm
zu kommen, und eben dieses wird von ihm in dem
siebenten Brief umständlicher erläutert. Endlich
weiß ich zwar in der That auch mich gerade keiner
Stelle zu erinnern, in welcher ein Zeitgenosse Plato's gesagt habe: die Seele spricht; aber daß dieser
Ausdruck, zumal in der orakelmäßigen Stelle, in
welcher er vorkommt, von Plato, dessen poetischer
Styl in jeder Zeile seiner Schriften unverkennbar
ist, gebraucht worden sey, scheint mir nichts weniger als unglaublich; und diese und dergleichen Re-
densarten für schwärmerisch zu halten, wäre doch
auch wohl zu prosaisch geurtheilt. Doch in unsern
altklugen Zeiten pflegt bald alles, was aus Gefühl
gesagt und gethan wird, für Schwärmerey gehalten zu werden. Armer Plato, wenn du nicht das
Siegel des Alterthums auf dir hättest, und wenn
man, ohne dich gelesen zu haben, einen Anspruch
auf Gelehrsamkeit machen könnte, wer würde dich
in dem prosaischen Zeitalter, in welchem das die
höchste Weisheit ist, nichts zu sehen, als was vor
den Füssen liegt, und nichts anzunehmen, als was
man mit Händen greifen kann, noch lesen wollen!

ſen. *) Zwar haſt du mir in deinem Gar⸗
ten, als wir in dem Lorbeerhaine wandelten,

*) Daß Plato die Materie, oder den Stoff der Dinge
mit Gott für gleich ewig und für unfähig hielte,
den Eindruck der göttlichen Idee, oder die Aehnlich⸗
keit des Urbildes der Welt das Gott ſahe, da er
ſchuf, anzunehmen, iſt wohl ausgemacht. Ingleis
chen läßt ſich auch wohl nicht zweifeln, daß Plato
ſich die phyſiſchen Kräfte der Materie als die mate⸗
rielle Weltſeele dachte, mit welcher Gott den Geiſt
der Harmonie vereinigte, um ſie einer zweckmäßigen
harmoniſchen Leitung des zur Welt geordneten Chaos
fähig zu machen. Aus dieſen Begriffen läßt ſich
dann einſehen, wie der Philoſoph ſich den Urſprung
des Uebels dachte. Selbſt dieſer Brief beweiſt aber,
daß Plato die Schwierigkeiten wohl einſahe, welche
auch dieſer Darſtellung anhängen, und welche man
doch, wie mich dünkt, oft größer gemacht hat, als
ſie ſind. Wenigſtens wird eine Theodizee nach Pla⸗
to's Syſtem dem menſchlichen Geiſt immer weit an⸗
nehmlicher, und vielleicht in der Moral weit wirk⸗
ſamer ſeyn, als viele andere. Und ganz entbehrlich
ſcheinen mir doch die Theodizeen nicht, ſo lang un⸗
ſer Herz noch Anſprüche an uns macht, und unſer
Verſtand uns mehr nicht ſagen kann, als daß er
nichts weiß!

Uebrigens hoffe ich hier den Sinn des Plato
nicht verfehlt zu haben, wenn ich die Worte:
ὃ πάντων αἴτιος) κακῶν nicht wie die lateiniſchen
Ueberſetzer thun, auf die Frage ſelbſt ziehe, ſondern
auf den Gegenſtand der Frage. Ich ſehe nicht, wor⸗
in dieſes der Sprache zuwider wäre, und finde ſonſt
keinen Sinn in der Stelle; denn die Frage könnte
doch, als Frage, unmöglich die Urſache von allem
Uebel ſeyn.

behauptet, daß du das alles wüßteſt, und daß
du es von dir ſelbſt gefunden hätteſt. Und
ich ſagte dir, wenn du das glaubteſt, ſo wür‐
beſt du mir viel Worte ſparén; noch hätte ich
aber keinen gefunden, der das wiſſe, und mir
ſelbſt mache dieſe Frage viel zu ſchaffen. Viel‐
leicht haſt du aber einmal etwas von jemand
gehört, und irgend ein gutes Glück hat dich
auf die Spur gebracht; nachher aber magſt
du wohl die Beweiſe, die du hörteſt, nicht ſo
wie ſie beſtehen konnten, zuſammengehangen
haben, ſondern du haſt ſie vermuthlich ſo lang
hin und her geworfen, bis dir deine Einbil‐
dung eine Hypotheſe eingabe, die dir gefiel.
Damit iſt es aber nicht ausgemacht! Doch iſt
der Fehler dir nicht allein eigen. Vielmehr
kann ich dir ſagen, daß ſelten mich jemand
zum erſtenmal gehört hätte, dem es nicht im
Anfang eben ſo ergangen wäre. Und manche
ſind nun ſchwer, manche leichter zurückgekom‐
men, aber kaum wird Einer geweſen ſeyn,
dem es ganz leicht geworden wäre.

Da nun aber dem so ist, und da dergleichen Dinge so vielen begegnen, so dünkt mich haben wir nun auch in dieser Rücksicht gefunden, in welchem Verhältniß wir, wie du schreibst, gegen einander stehen müssen. *) Denn wenn du das alles überlegst, und andere um Rath fragst, und wenn du das, was ich dir sage, mit dem zusammenhältst, was du von andern hörst, und dann wieder alles genau erwägst, so mußt du dich überzeugen, und dich mit vollem Vertrauen an Uns und die Unsrigen halten. Wie wär' es anders möglich?

Du hast wohl gethan, daß du den Archedemon zu uns geschickt hast. Wenn er wieder zu dir kommt, und dir meine Antwort bringt, und meldet, was ich gesagt habe; so

*) Dieser Uebergang zu dem Hauptgegenstand dieses Briefes ist etwas gewaltsam. Einem aufmerksamen Leser wird es aber wohl von selbst in die Augen fallen, daß Plato die Hypothesensucht des Dionys selbst dazu brauchen will, um ihn wieder an sich, und an seine Schule zu ziehen, wo er noch so vieles zu lernen hätte, um richtiger zu philosophiren.

werden dir vielleicht wieder neue Zweifel einfallen, und wenn du dann klug bist, so schickst
du mir ihn noch einmal, und dann wird er
wieder mit einer neuen Ladung zu dir zurück-
kehren. Hast du aber dieses nun ein paar
mal gethan, und willst du das, was ich dir
sagen lasse, genau durchdenken und prüfen,
so müßte es ein großes Wunder seyn, wenn
du nicht alsdann die Sachen alle von einer
ganz andern Seite sehen solltest, als nun.
Das thue also und fasse Muth, und glaube,
daß der Handel, den du alsdenn durch den
Archedemus treiben wirst, der schönste und
herrlichste ist, den du treiben kannst! Habe
du bey dem allem nur acht, daß diese Dinge
nicht unter den rohen und unwissenden Haufen kommen.

Mich dünkt, dem großen Haufen müssen
dergleichen Ideen höchst lächerlich scheinen,
und nur die feinern Seelen können sie aufnehmen mit Ehrfurcht und mit dem Gefühl ihrer

Göttlichkeit. Aber, nur ein fleißiges, müh-
sames Durchdenken vieler Jahre kann sie läu-
tern, wie das Gold mit Mühe geläutert wird.
Denn wunderbar ist es allerdings, wie viele,
mit dem gelehrigsten Verstand, mit dem besten Gedächtniß, geschickt zu prüfen und zu
urtheilen, doch erst nach dreyßigjähriger Arbeit und Mühe, spät in ihrem Alter erkannten, wie lichtvoll und wie wahr das ist, was
sie in dem Anfang für unglaublich hielten; wie
gar anders als das, was sie anfangs glaubten. Das bedenke also, und hüte dich, daß
du nicht nun schon etwas von dir hören läßt,
das deiner unwürdig wäre, und das du be-
reuen möchtest. Am besten wirst du das vermeiden, wenn du vor der Hand noch nichts
schreibst, sondern erst alles vollständig ausler-
nest. Denn du wirst schwer verhüten können,
daß, wenn du etwas schreibst, nichts davon
unter die Leute komme. Deswegen habe auch
ich selbst noch nichts über diese Gegenstände
geschrieben, und du wirst weder jetzt noch ir-

gend jemals ein Werk des Plato finden, das
von ihnen handle, sondern was ich darüber
geschrieben habe, ist alles vom Socrates, der
schon als Jüngling ein Weiser war. *)  Lebe
wohl,

*) Auch diese Stelle hat zu einem Beweis dienen sol-
len, daß dieser Brief unächt ist, und in der That
ist es auch sehr wahr, daß Plato hier etwas sehr
anstößiges sagt, das allem zu widersprechen scheint,
was in Plato's Werken vor Augen liegt. Selbst
aber um dieser anscheinenden Unrichtigkeit willen
scheint mir dieses Schreiben destomehr ächt zu seyn;
indem, wer dem Plato solch einen Brief hätte un-
terschieben wollen, sich wohl gehütet haben würde,
eine Blöße dieser Art zu geben. An sich scheint mir
aber der Widerspruch auch nicht so schwer zu heben.
Plato sagt gar nicht, daß er über die Philosophie
nichts geschrieben habe; auch nicht, daß die Dialogen, welche ihm zugeschrieben werden, von dem Socrates wären geschrieben worden; sondern er sagt
nur, wenn ich seine Worte umschreiben darf:
"Von den geheimen Dingen und den tiefern Erör-
terungen der Fragen über den Ursprung des Bösen
u. d. gl. habe ich nichts geschrieben. Freylich laufen viele meiner philosophischen Schriften im Publikum herum; aber keine von ihnen enthält etwas
von meinen eignen Spekulationen über diese Gegenstände, sondern nur das, was ich von dem Socrates gehört habe, und wie dieser dachte, da er noch
jünger war." — Ob Plato sich hier nicht selbst betrogen hat, oder ob Socrates nicht wirklich auch in
seiner Jugend manches über die Schöpfung, die Materie, die Seelenwanderung u. d. gl. poetisirt hat,
traue

wohl, und folge mir! Lies diesen Brief viel-
mal und oft, und dann verbrenne ihn. —
So viel von dem.

traue ich mich nicht zu entscheiden. Es ist sehr möglich — und welchem Denker ist es nicht schon oft
so gegangen? — Daß Plato dem, was er von dem
Sokrates gehört hatte, seine eigne Farben und Gestalten gab, und endlich selbst glaubte, sein Lehrer
habe die Sachen gerade so hingestellt, und da Plato
einige seiner Dialogen schon zu Socrates Lebzeiten
heraus gegeben hat, so ist es nicht sehr wahrscheinlich, daß er wissentlich seinen Lehrer eine andere
Rolle habe spielen lassen, als diejenige, die er sich
an ihm gesehen zu haben dachte. Nicht weniger
wahrscheinlich ist es aber auch, daß Socrates selbst
in seiner Jugend, wie er nachher dem Euklid vor-
geworfen hat, mehr mit Sophisten als mit Menschen zu leben wuste, und ist es wahr, daß er den
Anaxagoras gehört hat, und daß er in der Schule
der Physiker sehr fleißig war; so ist es beynahe nicht
anders möglich, als daß er anfangs über dergleichen Dinge nicht selbst spekulirt sollte; vielmehr ist es sehr wahrscheinlich, daß eben er die grö-
bere Physik und Cosmogonie der ältern Philosophen
verfeinert, und ihnen die Gestalt der höhern ehr-
würdigern Mystik gegeben hat, in welcher sie nun
in den Werken des Plato erscheint. Sein reiner
Genius führte ihn vielleicht erst in seinem Alter zu
der bescheidenern Weisheit des Menschensinns, und
deswegen sagt auch hier Plato, daß diese Dinge dem
Socrates, da derselbe noch jung gewesen, abgehört
hätten. Diese Vermuthung wird denjenigen nicht
unwahrscheinlich vorkommen, welche die Philosophie ihres angehenden männlichen Alters mit dem

Du wunderſt dich, warum ich dir den
Poliren nicht ſchicke; glaube mir, er und Ly-
kophron und alle die, welche nun um dich ſind,
alle die ſind, wie ich immer ſagte und noch
ſage, ſowohl in Anſehung ihres Genies als
in der Ordnung ihrer Gedanken und ihres Vor-
trags weit unter dir. Und es iſt gewiß nicht,
wie viele ſagen wollen, blos Gefälligkeit gegen dich, wenn ſie dir in euren philoſophiſchen Streitigkeiten nachgeben; ſondern ſie
können wirklich nicht gegen dich aufkommen,
und du verfährſt ſehr gelinde und ſehr freyge-
big mit ihnen. Doch, das iſt ſchon zuviel
von ſolchen Leuten, wie dieſe ſind! Den Phi-
liſtion hingegen benutze ſehr, wenn es anders
ſeine Umſtände erlauben; auch rathe ich dir,
den Speuſippus zu benutzen, und dann ſchicke
ihn wieder; denn dieſer Speuſippus hat auch

zuſammenhalten, was ſie in ihrem grauen Alter
gedenken. Und wohl denen, die alsdann auch von
ihrem guten Geiſt zu der Beſcheidenheit des einfa-
chern Menſchenſinns zurückgeführt werden, und noch
Geſchmack und Seele für ihn übrig behalten haben.

dich nöthig. Philisto hat mir versprochen,
daß er gerne nach Athen kommen wolle, wann
du ihn von dir lässest. — Daß du den aus
den Steinbrüchen losgelassen hast, daran hast
du wohl gethan. Es war nicht viel, was
für ihn und seine Leute und für den Hegesip-
pus und den Ariston verlangt wurde. Denn
du schreibst mir ja selbst, du werdest es selbst
nicht leiden, daß jemand diesem oder jenem
etwas zu Leide thue. Dem Lysiklides muß ich
übrigens mit Wahrheit das Zeugniß geben,
daß er allein von allen denen, die aus Sizilien zu uns nach Athen kamen, nichts gethan
hat, was meinen Umgang mit dir stören
könnte; vielmehr hat er immer selbst das, was
in deinem Betragen gegen mich gut war, noch
mehr ausgeschmückt und erhoben.

# Vierter Brief.

(in der gemeinen Sammlung der dritte.)

## Plato an Dionys.

Du fragst: ob wir in den Grüssen, die wir
uns am Anfang unsrer Briefe zu schreiben
pflegen, nicht einander lieber wünschen sollten,
froh zu seyn, als, wie ich in meinen
Briefen pflege, wohl zu seyn; und es haben mir verschiedene erzählt, sie hätten es mit
angehört, daß du in Delphi sogar den Gott
nach deiner Art angeredet, und auch geschrieben hättest:

> Sey froh, und gieb dem König frohes
> Leben!

Ich gestehe dir, ich würde niemand rathen,
sich einer solchen Anrede weder an die Menschen noch viel weniger an die Götter zu bedienen.  Nicht an die Götter, weil ich glaube,
daß das, was wir froh seyn nennen, gegen ihre Natur ist, denn Freude und Schmerz

ist ihnen gleich unbekannt; nicht an die Men=
schen, weil Freude und Schmerz ihnen gleich
schädlich ist, und ihre Seele stumpf macht,
und vergeßlich und unweise, und geneigt zu
aller Ungerechtigkeit. — So denke ich von
diesem Gruß, und das magst du nun aufneh=
men wie du willst!

Uebrigens muß ich vernehmen, daß du
zu einigen Gesandten gesagt haben sollst, du
hättest ehemals in meiner Gegenwart dich er=
klärt, daß du gesonnen wärest, nicht allein
die griechischen Städte Siziliens wieder auf=
zubauen, sondern auch den Despotismus, mit
welchem du die Syrakusaner bisher regiert
hättest, zu erleichtern, und dem Volk eine
monarchische Verfassung zu geben; von diesem
Vorsatz aber, der dir so sehr angelegen gewe=
sen wäre, hätte ich allein dich abgehalten; und
nun ermahnte ich dennoch, wie du sagst, den
Dion unaufhörlich, daß er das alles selbst thun
sollte, und arbeitete mit ihm blos darauf,

durch Ausführung eben der Ideen, die wir
dir abgerathen hätten, dir dein Reich aus den
Händen zu reißen.

Du mußt wissen, warum du solche Dinge
aussprengst, und was du für einen Vortheil
davon hast; mir aber kannst du mit solchen
Unwahrheiten keinen Schaden bringen. Hat
doch schon Philistides und so viele andere, blos
deswegen, weil ich bey dir auf dem Schlosse
wohnte, mich genug bey deinen Lohnsoldaten
und in ganz Syrakus verläumdet; und glaubte
doch damals auch die ganze Stadt, daß ich
Schuld an allem Uebel wäre, das bey euch
geschahe, indem du nichts thätest, als was
ich dir riethe. Du aber weißt am besten, daß
ich zwar freylich in dem Anfang, da ich noch
etwas Gutes stiften zu können hoffte, manchmal von selbst Hand an die Staatsgeschäfte
zu legen mich bemühte, daß aber selbst damals alle meine Arbeiten sich beynahe nur auf
einige Vorreden zu euren Gesetzen beschränk-

ten, denen noch dazu du oder wer es sonst war, noch manches beygesetzt haben soll. Wenigstens höre ich, daß nach der Hand sich einige daran gemacht, und alles wieder auf Schrauben gesetzt haben sollen, welches jedoch jeder, der mich kennt, leicht von meiner Arbeit unterscheiden wird. In der That brauche ich also weder bey den Syrakusanern, noch bey denen, welchen du solche Dinge vorsagst, noch mehr verläumdet zu werden; vielmehr bedarf ich einer Verantwortung, sowohl für jene alte, als auch für diese neuere weit härtere und drückendere Beschuldigungen.

Zwey Dinge werden mir zur Last gelegt; meine Verantwortung muß also auch zweyfach seyn. Zuerst muß ich darlegen, daß ich guten Grund gehabt habe, warum ich mit dir in den Staatsgeschäften nichts gemein haben wollte; und dann zum andern, daß ich dir von dem Vorsatz, den du gehabt haben willst, nie abgerathen, noch dich jemals gehindert habe, die griechischen Städte in Sizilien wieder aufzubauen.

Zuerst also von jenem. Ich kam nach Sizilien, berufen von Dion und von dir. Jenen habe ich jederzeit hochgeschätzt, und er war schon lange mein Freund. Er stunde damals in dem mittlern und männlichen Alter, das, wie jedermann leicht einsieht, das beste und geschickteste ist, in den Verhältnissen zu rathen, in welchen du dich damals befandest. Du hingegen warest noch sehr jung, und sehr unerfahren und sehr unwissend in allem, was du hättest wissen sollen. Ich aber kannte dich gar nicht. Es dauerte nicht lang, und Dion wurde, ich weiß nicht, durch welchen Zufall oder durch' welchen Menschen oder Gott, von dir getrieben.

Nun standest du allein! — Sage selbst, hätte ich damals unternehmen sollen, mit dir das Ruder des Staates zu führen? Ich, der ich sahe, daß der Weiseste und Beste uns ver-

loren war, und nur der Unweise uns bleibe;
umgeben von einem Haufen von Thoren und
schlechten Leuten, unter welchen er glaubte zu
regieren, da er doch nur that, was diese wollten.     Was sollte ich unter diesen Umständen
anders thun, als was ich am Ende zu thun
gezwungen war; nämlich, allem Antheil an
den Staatsgeschäften mich zu entschlagen, und
nur auf meiner Hut zu seyn, damit ich nicht
der Bosheit und dem Neid Blößen zu irgend
einigem Argwohn gäbe? Das war auch meine
einzige Sorge,  und nebenbey suchte ich nur
dich und den Dion, ob ihr gleich so weit von
einander getrennt, und so sehr gespannt wa-
ret, wieder mit einander auszusöhnen.   Ich
fordere dich selbst zum Zeugen auf, ob ich jemals diesen meinen Zweck zu verfolgen nach-
lässig war? Endlich, da sich der Krieg ent-
spann, wurden wir nicht ohne große Mühe
einig, daß du mich entlassen, nach dem Frieden aber den Dion und mich wieder zu dir rufen wolltest, worauf wir beyde bey dir bleiben

sollten. Das alles geschahe bey meinem ersten Aufenthalt, und bey meiner Errettung
von deinem Hof.

Als der Frieden geschlossen war, rieffst du
mich zum andernmal zu dir, aber nicht wie
du versprochen hattest, sondern du rieffst mich
allein, und versprachst mir nur, den Dion
ebenfalls in einiger Zeit nachkommen zu lassen.
Da schlug ich dir alles ab, und zerfiel deswegen selbst mit dem Dion. Denn dieser glaubte,
es wäre besser, daß ich deinem Ruf folgte,
und zu dir käme. Indessen verstrich ein ganzes Jahr. Da schicktest du mir ein Schiff,
und schriebst mir wieder, und versprachst mir
wieder in deinen Briefen, daß, wenn ich
käme, du auch gegen den Dion dich vollkommen so betragen wolltest, wie ichs nur wünschen könnte. Würde ich aber nicht kommen,
so würdest du gerade das Gegentheil thun.
Ich schäme mich zu sagen, wie viel Briefe
nach Briefen ich von dir, und aus Italien,

und aus Sizilien von allen meinen Freunden,
und Bekannten empfangen habe, die alle mir
anlagen, zu dir zu kommen, und deiner Bitte
statt zu geben. So einstimmig wünschten
alle, und unter allen Dion am meisten, daß
ich mich ermannen und die Reise antreten sollte.
Vergebens schützte ich mein Alter vor, vergebens sagte ich ihnen voraus, daß du der Mann
nicht wärest, der den Verläumdungen unsrer
Feinde, die nur immer Zwietracht und Uneinigkeit zu stiften trachteten, widerstehen könnte.

Denn damals sahe ich schon, und noch
sehe ich täglich, daß sowohl in den Palästen
der Könige, als in den Häusern der Bürger,
Reichthum und Ueberfluß überall, nach dem
Maas seiner Größe, immer nur Verläumder,
und gefährliche, schädliche Schmeichler nährt,
und das ist das größte Uebel, das dem Reichthum und der Menschengewalt anzuhängen
pflegt. Das sahe ich also wohl, dennoch ließ
ich alles stehen und liegen, und gieng, damit

wenigſtens niemand meiner Freunde mich beſchuldigen könnte, daß ich ſie hätte retten können, und daß nur meine Trägheit Schuld an
ihrem Unglück wäre. Ich kam alſo; aber wie
es hernach gegangen iſt, das weißt du genug.
Im Vertrauen auf die Zuſage deiner Briefe
verlangte ich, daß du den Dion zurückrufen,
und ihm wieder dein Zutrauen und ſeine alte
Stelle unter deinen Freunden geben ſollteſt.
Ich legte dir zugleich die Gründe dar, warum
ich es für ſo wichtig hielte, daß ihr wieder
Freunde würdet, und hätteſt du mir damals
gefolgt, ſo würde es, wenn mich nicht alles
betrügt, wahrſcheinlich beſſer um dich ſtehen,
und um ganz Syrakus und um unſre Griechen. Hernach verlangte ich, daß du wenigſtens das Vermögen des Dion ſeinen Freunden
ausliefern, und es nicht verkaufen und in den
Händen der Leute laſſen ſollteſt, denen du es
zum Verkaufen hingabſt, und die dir bekannt
genug ſind. Endlich wollte ich nur, daß du
ihm das Geld, das er ſonſt jährlich erhielte,

und ehe mehr als weniger ſchicken ſollteſt, damit er nicht am Ende wohl gar noch darunter
leiden müßte, daß ich zu dir gekommen bin.
Da du nichts von dem allem thun wollteſt,
was ich forderte, verlangte ich wieder zurück-
zukehren. Da bateſt du mich, daß ich nur
noch das Jahr bey dir bleiben möchte, und
verſprachſt wieder, dem Dion ſein ganzes Vermögen zurück zu geben, nur mit dem Beding,
daß er die Hälfte in Corinth bezöge, und die
andere Hälfte ſeinem Sohne zugetheilt würde.
— Doch, du haſt ſo viel verſprochen, und
ſo nichts gehalten, daß ich nicht fertig werden
würde, wenn ich alles erzählen wollte. Ich
will alſo Alles in Einem zuſammenfaſſen;
denn, da du gegen dein ausdrückliches Ver-
ſprechen, keine Veränderung mit den Gütern
des Dions ohne ſeinen Willen vorzunehmen,
ſie dennoch eigenmächtig hinter ihm her verkauft hatteſt. da ſetzteſt du, du vortreflicher
Mann, äußerſt kindiſch die Krone auf die Treu-
loſigkeit, womit du ſo oft dein Wort gebro-

chen haſt, und erdachteſt eine häßliche, nie-
derträchtige, ſtrafbare und noch dazu zweckloſe
Liſt, womit du mich, eben als wenn mir alles, was um mich her geſchahe, verborgen
ſeyn könnte, ſo zu erſchrecken hoffteſt, daß ich
es nicht mehr wagen würde, mich noch mit
einem Wort für Dion zu verwenden. Du
hatteſt nämlich damals den Heraklides vertrieben, und da dieſes ganz Syrakus ſo wie ich
ſelbſt für höchſt ungerecht hielte, und ich deswegen nebſt dem Theodotus und Eurybius
dich bat, ihn zurück zu rufen, nahmſt du daher den Vorwand, mich zu beſchuldigen, daß
ich nun deutlich an den Tag gelegt hätte, wie
wenig ich nach dir fragte, und wie ſehr ich
hingegen um den Dion und um ſeine Freunde
mich bekümmerte; denen zu gefallen ich den
Theodotus und Heraklides, die beyde ſehr vieler Verbrechen wegen angeklagt wären, ihrer
Strafe entziehen wollte. Siehe, das iſt alles, was wir von Staatsgeſchäften mit einander getrieben haben; oder war ſonſt noch et-

was vorgefallen, worüber wir uns entzweyt
hätten, so bezog sich doch alles allein auf das.
Und das darf dich gar nicht befremden! Denn
ich würde in den Augen aller Rechtschaffnen
billig als ein schlechter Mann erscheinen, wenn
ich, geblendet von der Größe deiner Gewalt,
meinen alten vertrauten Freund, der, aufrich-
tig zu sagen, bey weitem nicht geringer ist als
du, wenn ich den in dem Unglück, in das du
ihn gestürzt hast, verlassen, und dir, der du
so ungerecht gegen ihn bist, so angehangen
hätte, daß ich deines Reichthums wegen mit
allem zufrieden gewesen wäre, was dir gut
dünkte. Denn, wer würde nicht von mir gedacht haben, daß blos dein Reichthum mich
geblendet hätte, wenn ich je von Dions Seite
auf deine getreten wäre? Diese meine Treue
gegen den Dion war also allein die Ursache
des Mißtrauens, das unsre Freundschaft getrennt, und unsre Verbindung aufgelöst hat.
Und an dem allen bist du allein Schuld
gewesen.

Und diese Darlegung unsers Verhältnisses führt mich von selbst auf den zweyten Punkt meiner Verantwortung. Ueber das, was jetzt geschehen ist, richte du selbst, ob ich die Wahrheit sage, oder nicht.

Ich sage nämlich, daß, als du etwa zwanzig Tage vor meiner Abreise aus Syrakus in deinem Garten, in Gegenwart des Archedemus und des Aristokritus, mir eben den Vorwurf machtest, daß ich nämlich dem Heraklides und seinen Freunden mehr anhienge als dir, du noch hinzusetztest: ob ich noch wüßte, wie ich dir gleich in dem Anfang unsrer Bekanntschaft gerathen hätte, die griechischen Städte in Syrakus wieder herzustellen? Ich antwortete dir damals, daß ich das noch wohl wisse, und daß ich noch eben dieses für das Beste hielte. Darauf sagte ich ferner: (denn es muß nun alles herausgesagt werden) ob ich dir damals nur das, oder ob ich dir noch etwas anders gerathen hätte? Du gestandest,

daß

daß du dich wohl noch erinnertest, was damals
gesagt worden wäre; aber du wurdest dabey
sehr aufgebracht, und wolltest mir, wie du
glaubest, etwas bitteres sagen; denn du em-
pfandest es tief in der Seele, ob du jetzt gleich
das alles nur ansiehest wie einen Traum.
Wenn ich mich recht erinnere, sagtest du mit
einem sehr unschicklichen Gelächter; so hast du
mir damals, wie ein Präzeptor, allerley zu
thun und zu laſſen befohlen. Ich antwortete,
du erinnerst dich wohl. Darauf sagtest du:
gehörte das auch zur Geometrie, oder wohin
sonst? Auch darauf hätte ich gar manches antworten können; aber aus Furcht, daß du
meine Abreise, welcher damals nichts im Weg
zu liegen schiene, verhindern möchtest, wenn
ich dich mit einem Wort beleidigte, schwieg
ich stille.

Dieses alles beweist nun genug, wie wenig du Grund hast, mich zu beschuldigen, daß
ich dich abgehalten hätte, die griechiſchen
Städte, welche die Barbaren verwüstet hat-

H

ten, wieder herzustellen, oder deine Gewalt
über die Syrakusaner zu beschränken, und ihnen statt deines Despotismus eine monarchische Constitution zu geben. Wahrhaftig, du
könntest keine Verläumdung gegen mich finden,
die mir weniger angemessen wäre, als diese.
Wäre irgendwo ein Richter, der zwischen mir
und dir urtheilen könnte; so würde es mir
leicht seyn, gerade von dem Gegentheil Beweise vorzulegen, und darzuthun, daß ich dir
allerdings das alles angerathen habe, und
daß du hingegen meinen Rath nicht annehmen
wolltest, so sehr es in die Augen fällt, daß
du nichts thun kannst, was deiner Insel, oder
deiner Stadt, oder dir selbst vortheilhaf-
ter wäre.

Und nun, wenn du leugnest, daß du
diese Verläumdung gegen mich ausgestoßen
hättest, und du hast sie doch gesagt: so
kann ich rechten mit dir; gestehst du sie
aber ein, so folge dem Beyspiel des Ste-

ſichorus, und widerrufe was du geſagt haſt,
und tritt von der Lüge auf die Seite der
Wahrheit.

———————

## Fünfter Brief.

(in der gemeinen Sammlung der vierte.)

### Plato an Dion.

Jedermann weiß, daß ich in der ganzen Zeit,
an allem dem, was mit dir vorgegangen iſt,
den lebhafteſten Antheil genommen habe, und
daß ich keine Mühe geſpart habe, deiner Sache
einen guten Ausgang zu verſchaffen, blos aus
meiner reinen Liebe gegen alles, was ſchön
und gut iſt. Denn ich glaube, daß diejenigen,
welche mit wahrem Gefühl groß denken und
groß handeln, auch mit Ehre gekrönt zu werden verdienen. — Und, unter Gottes Bey-
ſtand iſt auch bis nun alles erwünſcht von ſtat-
ten gegangen. Aber groß iſt der Kampf, der

euch noch bevorsteht. Denn Thätigkeit,
Stärke, Muth haben mehrere schon gezeigt;
aber im Geist der Wahrheit, mit Gerechtigkeit, mit Großmuth, mit Anstand zu handeln, das ist es, worin diejenigen, deren
Seelen diesen Tugenden nachgestrebt haben,
sich vor allen andern unterscheiden müssen. Du
siehst, was ich sagen will, und weißt, daß
es uns nun ziemt, in dem allem die Leute, die
du kennst, weiter als Knaben hinter uns zu
lassen. Wir müssen zeigen, daß wir das sind,
wofür wir uns ausgeben. Und mit Gott
wird uns auch das nicht schwer fallen. Denn
andere sind gezwungen, viele Umschweife zu
gebrauchen, ehe sie nur bekannt werden. Du
bist aber nun so weit gekommen, daß, wenn
ich so sagen darf, die ganze Welt ihre Augen
nun nur auf einen Ort, und in dem Ort nur
auf dich richtet. Nun arbeite auf der großen
Scene, wo dich alle sehen, daß du in dir uns
wieder den alten Lykurg darstellst, oder den
Cyrus, oder wer sonst in der Tugend und in

der Weisheit der Gesetzgebung ihre Stufe er,
rungen hat; zumal jetzt, da so viele bey uns
und fast alle vermuthen, daß nun, nachdem
Dionys gestürzt ist, auch eure Unternehmung
bald an deinem, und Theodots, und Heralli,
dens und der Uebrigen Ehrgeiz scheitern werde.
Wohl wünschte ich, daß so keiner da wäre;
sind sie aber da, so sey ihr Arzt und bessere
sie, und möchte euch das alles zum besten ge,
lingen.

Doch, das alles weißt du schon, und es
ist lächerlich, daß ich mir herausnehme, es
dir zu sagen. Aber, selbst die Jungen er,
muntern ja oft auf der Scene den Dichter;
warum sollte nicht auch ich mein Wort dem
Freunde zurufen, der da weiß, mit welcher
eifriger Liebe ich an ihm hange. Fahr also
fort in deiner großen Laufbahn, und laß michs
wissen, wenn du etwas brauchst. Hier ist
noch alles wie du es verlassen hast. Ihr aber
meldet uns doch, was ihr gethan habt, und
was ihr noch thut; denn wir hören vieles,

und wissen doch wenig.    Zwar laufen viele
Briefe von dem Theodot und dem Heraklides
in Argina und in Sparta herum, aber wie
gesagt, man erzählt uns vielerley von euch,
aber nie etwas, worauf wir uns verlassen
könnten.    Das muß ich dir aber doch noch sagen, daß viele dich beschuldigen, du wärest zu
wenig leutselig.    Merke dir, daß, wenn man
durch Menschen wirken will, man auch suchen
muß, ihnen zu gefallen; *) und daß Hart-
näckigkeit und Eigensinn meist eine Folge der
Einsamkeit ist — Sey glücklich.

*) Man würde sehr ungerecht gegen Plato seyn, wenn
   man diese Stelle von etwas anderm, als von den
   gleichgültigsten Dingen verstehen wollte.

## Sechster Brief. ( VII )

(in der gemeinen Sammlung der siebente.)

### Plato an die Freunde und die An- gehörigen des Dion.

Ihr habt mir geschrieben, daß ihr der Meinung wäret, ihr müstet nach eben den Planen
arbeiten, welche Dion vorhatte; und habt
mich ersucht, euch darin mit Worten und Werken beyzustehen, so viel ich vermag. Ist das
euer Ernst, und denkt ihr wirklich wie Dion
dachte, so gebe ich euch mein Wort, daß ich
in eure Gemeinschaft treten will; wo nicht, so
muß ich euren Antrag weiter überlegen. Damit ihr nun aber auch wißt, wie Dion dachte,
so will ich, nicht aus bloßen Vermuthungen,
sondern weil ich es wohl weiß, euch seine Gedanken und sein ganzes Vorhaben eröffnen.

Als ich in meinem vierzigsten Jahre zum
erstenmal nach Syrakus kam, war Dion in
dem Alter, in welchem nun Hiparinus steht,

H 4

und schon damals hielte er dafür, daß Syrakus frey seyn, und nach den sichersten und besten Gesetzen regiert werden müsse; und in
dieser Gesinnung ist er verharrt bis an sein
Ende. Es ist also kein Wunder, daß ich, der
ich in der Politik überhaupt eben so dachte,
bald mit ihm übereinstimmte. Wie aber das
geschahe, das ist wohl werth, daß es die Alten und die Jungen hören, und ich will versuchen, es euch von dem ersten Anfang an zu
erzählen; denn es ist nun wohl die beste Zeit.

In meiner Jugend gieng es mir, wie es
mehrern Jünglingen zu gehen pflegt. Ich
nahm mir vor, sobald ich zu meinen Jahren
gelangt seyn würde, mich den Staatsgeschäften zu widmen. Aber mein Vaterland erfuhr
damals besondere Schicksale. Viele waren
mit der Regierung unzufrieden, da entstand
eine Revolution, an deren Spitze sich ein und
funfzig Bürger setzten.

Zwey Parteyen, eine von eilfen und eine von zehen nahmen wechselsweis die Geschäfte des Hafens und die Aufsicht auf den Markt über sich, je nachdem sie dort oder in der Stadt sich aufhielten; die übrigen dreyßige aber machten sich zu unumschränkten Herren des ganzen Staates. Unter diesen hatte ich manche Bekannte und Freunde, und diese luden mich ein, ihren Unternehmungen beyzutreten. Es war sehr natürlich, daß ich in dem Alter, worin ich damals stund, ihnen Gehör gabe, denn ich glaubte, daß ihre Absicht nur dahin gieng, die schlechte Regierung des gemeinen Wesens zu verbessern, um Recht und Gerechtigkeit zu befördern. In dieser Voraussetzung beobachtete ich sie also genau. Aber ich bemerkte bald, daß der vorige Zustand des Staates golden war gegen den, in welchen diese ihn nun versetzten. Insbesondere mußte ich unter andern mit ansehen, wie sie dem alten Sokrates, meinem Freund, welchen ich nicht erröthe, für den besten und gerechtesten Menschen dieser

ganzen Generation zu erklären, wie sie dem
nebst noch einigen andern anmuthen wollten,
einen Bürger durch Gewalt zum Tod zu ver-
urtheilen, und wie sie ihn selbst, er mochte
wollen oder nicht, in ihre Gemeinschaft zu ziehen sich bemühten. Aber er gehorchte ihnen
nicht, und wollte lieber das äußerste über sich
ergehen lassen, als Antheil an ihren Ungerech-
tigkeiten nehmen. Da ich das sehen mußte,
und noch so vieles andere von gleichem Schlag,
da wurde ich betrübt in meinem Herzen, und
zog mich zurück von dem Bösen, das in dieser Zeit die Oberhand hatte.

Nicht lange hernach fiel die Tyranney der
dreyßigen sammt ihrer Staatseinrichtung.
Nun wachte ich wieder auf, und gab, doch
mit mehr Besonnenheit, meiner Begierde,
mich in die Staatsgeschäfte einzumischen, nach.
Aber der Staat war einmal in eine solche Verwirrung gerathen, daß auch in der neuen Verfassung noch manches geschahe, das mir nicht

wenig mißfiel. Auch ist es kein Wunder, daß
bey einer solchen Revolution viele ihre Feinde,
mehr als sich gebührte, druckten, obgleich
nicht zu leugnen ist, daß die Vertriebenen,
die damals wieder zurück kamen, noch einige
billige Bescheidenheit zeigten. Mit allem dem
fügte es sich doch so, daß einige der damali-
gen Obern sich beykommen ließen, meinen alten Freund, den Socrates, vor Gericht zu
fordern, und ihn eines abscheulichen Lasters
zu beschuldigen, dessen er wahrhaftig am wenigsten fähig war. Sie beschuldigten ihn
nämlich der Irreligiosität, und ließen ihn ver-
dammen und tödten; ihn, der so kurz vorher,
zu eben der Zeit, da diese seine Verfolger als
Vertriebene im Elend herumirrten, sich der
Vertriebenen so annahm, daß er lieber alles
leiden, als Theil an dem Todesurtheil nehmen
wollte, das Einem derselben beschieden war.
Da ich nun das alles sahe, und
merkte auf die Sitten und die Gesinnungen derer, welche damals

am Ruder des Staates saßen, und
da ich die Gesetze beobachtete, die
sie gaben, und die Weise, nach
welcher sie handelten, und das alles prüfte, und inzwischen mein
Alter, meine Einsichten geschärft
hatte! da wurde ich überzeugt, und
fühlte innigst, daß ich keinen Theil
an dieser Staatsverwaltung nehmen durfte. Denn ohne alle Freunde,
und ohne treue Gefährten ist da nicht fortzukommen. Dergleichen konnte ich aber damals
nicht zu finden hoffen, weil unsre Stadt die
Sitten und die Grundsätze unsrer Väter verlassen hatte. Und mir neue Freunde von dem
Schlag anzuziehen, war schwer; auch war
das Ansehen der Gesetze gefallen bis zum Er-
staunen. So groß also anfangs mein Eifer
für die Staatsgeschäfte war; so schwindelte es
mir doch damals, da ich alles so vor mir liegen sah, wie es lag; alles so drunter und drü-
ber gehen, wie es gieng; wenn ich nur dar-

an dachte, daß ich Theil an denselben nehmen sollte. Ich entschloß mich also, zwar in meinen politischen Untersuchungen fortzufahren, indem doch vielleicht alles sich überhaupt und in unserer Stadt besonders wieder ändern könnte; thätig aber wollte ich mich in die Staatsverwaltung nicht mehr mischen, bis sich etwa eine schickliche Gelegenheit ereignen werde. Endlich sahe ich dann auch wohl ein, daß alle Staaten überhaupt schlecht regiert werden, indem alle ihre Gesetze tödtlich krank sind, und kein einziges zweckmäßig das Ganze umfaßt, sondern alles blos dem Zufall hingegeben wird. Da mußte ich zur Ehre der Philosophie gestehen, daß sie allein im Stand ist, anzugeben, was sowohl in den öffentlichen Geschäften, als auch in dem gemeinen Leben, der Gerechtigkeit und dem Besten des Ganzen gemäß ist, und daß folglich das menschliche Geschlecht nur dann aus seinem Elend erlöst werden wird, wann entweder die wahren und richtig denkenden Philosophen

allein die Regierung in die Hand
nehmen, oder wann die Gottheit
es verhängt, daß die, welche das
Regiment durch ihr Ansehen und
ihre Gewalt schon in ihren Händen haben, solche Philosophen
werden.

Mit diesen Gesinnungen kam ich das erstemal nach Italien und Syrakus. Da sahe
ich an den vollen überladenen Tischen, was
sie dort ihr glückliches Leben nannten, und es
gefiel mir nicht. Ihre zweyfache Mahlzeiten
an jedem Tag, die Ueppigkeit ihrer nächtli-
chen Wollust, und alle ihre Anstalten zur
Schwelgerey und zur sinnlichen Lust; wie kann
irgend ein Mensch unter der Sonne, der bey
diesen erzogen worden ist, weise werden, auch
wenn seine Seele von Natur zur Weisheit geschaffen wäre; oder wie kann er bey solchen
Sitten irgend eine Tugend erwerben? Eben
so wenig kann man hoffen, daß die Bürger
eines Staats den besten Gesetzen mit Folg-

ſamkeit ſich unterwerfen, wenn jeder glaubt,
daß er ſeiner Verſchwendung keine Gränzen
zu ſetzen brauche, und daß er ſonſt nichts zu
thun habe, als zu eſſen, zu trinken, und jedem Reiz der Liebe nachzuhängen? Ein ſolcher Staat muß immer zwiſchen dem Tyrannen, dem Oligarchen und dem Pöbelregiment
herumgeſchleudert werden, und ſelbſt der Name
einer auf Gerechtigkeit und allgemein bindende
Geſetze gebauten Staatsverfaſſung muß da
denen, die einmal die Oberhand haben, ein
Greuel ſeyn!

Mit dieſer Art zu denken, und mit den
Grundſätzen, von welchen ich vorhin geſprochen habe, kam ich nach Syrakus, und vielleicht war das ſelbſt von dem Schickſal ſo ge-
ordnet; denn wahrſcheinlich haben damals
ſchon die höheren Mächte den Grund zu dem
legen wollen, was nun von Dion in Syrakus
ausgeführt worden iſt, und was, wie ich be-
ſorge, noch ſo große Folgen haben kann, wenn
ihr meinem Rath nicht folget.

Wie geschahe es aber denn nun, daß meine Ankunft in Sizilien eure jetzige Lage vorbereiten konnte?

Dion war damals noch jung, und ich sprach oft mit ihm von dem, was ich für das wahre Wohl der Menschen halte, und ermahnte ihn fleißig, meinen Lehren auch in seinem Leben treulich anzuhangen. Aber mir fiel nicht bey, daß ich, wie ich nun besorge, eben dadurch den ersten Stoß geben könnte, die Tyranney, unter welcher ihr damals lebtet, zu stürzen.

Dion, der von Natur sehr viele Fähigkeiten hatte, war überhaupt auf alles, insbesondere aber auf das, was ich ihm von meinen Ideen über das Wohl der Menschen sagte, so aufmerksam, und folgte mir mit solchem Eifer, daß ich mich keines Jünglings unter meinen Schülern erinnere, auf welchen ich einen solchen Eindruck gemacht hätte. Von dem Augenblick an faßte er den festen Vorsatz,

durch

durchaus eine ganz andere Lebensart als die,
welche bey seinen Landsleuten und in Italien
im Schwang gieng, anzunehmen, und bis an
das Ende seines Lebens die Tugend allem andern Vergnügen und allen Freuden des Lebens
vorzuziehen. Diese Veränderung seiner Lebensart wurde bald von denen bemerkt, die
da fortfuhren zu leben, wie man an den Höfen der Großen lebt, und sein Beyspiel war
ihnen drückend, bis Dionys der alte abgegan-
gen war. Da wurde Dion gewahr, daß er
nicht der einzige wäre, der über diese Dinge
so dächte, sondern daß ihrer noch einige wären. Viele nicht, aber doch einige. Dieses
führte ihn dann auf den Gedanken, ob er
nicht auch den jungen Dionysius eben so stimmen könnte; und würde ihm das die Gottheit
durchsetzen helfen, so hoffte er dadurch allein
nicht nur sich, sondern ganz Syrakus auf die
höchste Stufe menschlicher Glückseligkeit erheben zu können. Diese Absicht zu erreichen,
schien es ihm jedoch unumgänglich nöthig, daß

J

ich wieder nach Syrakus hinüber käme, und
ihm in seiner Unternehmung beyſtünde, indem er ſich erinnerte, was mein Umgang auf
ihn gewirkt, und wie leicht ich in ihm den Eifer nach allem, was ſchön und gut iſt, ange-
facht hätte. Und gewiß, wenn es ihm ge-
glückt hätte, ſeine Abſicht mit dem jungen
Dionys zu erreichen; ſo war mit großer Zu-
verſicht zu hoffen, daß das ganze Land höchſt
glücklich geworden wäre, ohne das Blut und
ohne alle die Greuel, die euch nun vor Augen liegen.

So dachte alſo Dion, und in dieſer gewiß löblichen Geſinnung überredete er den Dionys, daß er mich zu ſich rufen laſſen möchte.
Neben dem ſchickte auch er ſelbſt mir einen
eignen Boten, und beſchwur mich, keine Zeit
zu verſäumen, damit nicht andere eine Gewalt über das Herz des jungen Tyrannen gewinnen, und ihn von ſeiner Neigung zum
Guten wieder abwendig machen möchten. So

schriebe er und bate noch mit vielen Worten,
die mich zu weit führen würden. Was, sagte
er unter andern, wollen wir länger warten,
da uns die Götter nun enen so günstigen Augenblick schenken? Dann breitete er sich aus
über den weiten Umfang der Länder, die dem
Dionys in Italien und in Syrakus zu Gebot
stünden. Er bemerkte, daß das Alter des
jungen Dionys jetzt noch am biegsamsten
wäre, und rühmte mir den Eifer des Jünglings nach allem Unterricht, und seinen Hang
zur Philosophie. Er erwähnte zugleich seiner Verwandten und Freunde, wie begierig
sie mich hören würden, wie geneigt sie wären,
ihre Lebensart nach meiner einzurichten, und
wie wichtig eine solche Gesellschaft für den
Dionysius seyn würde, um ihn beständig auf
dem guten Weg zu erhalten; so daß, wenn
jemals eine Zeit erscheinen könnte, jetzt die
beste erschienen wäre, die man sich nur wünschen möchte, um die Philosophie auf den
Thron und an das Ruder des Staates zu setz-

zen. Das und noch viel dergleichen schrieb er
mir, um mich zu überreden. Mir schwebte
jedoch immer eine gewisse Aengstlichkeit vor,
wenn ich dachte, wie wenig sich die Wendun-
gen berechnen lassen, die das Herz der Jünglinge nehmen kann. Denn diese stehen meist
jedem überhingehenden Einfall blos, und ihre
Neigungen widersprechen sich so leicht! Doch
wuste ich, daß ich mich auf den Dion verlassen könnte, dessen Seele mir so bekannt war,
der so viele Gewalt über sich hatte, und dessen ständiges Alter mir für ihn Bürge seyn
konnte. Da ich nun so überlegte, was ich
zu thun hätte, ob ich dem Dion Gehör geben
und nach Syrakus gehen sollte oder nicht,
schiene es mir endlich, daß ich allerdings hin-
gehen müßte, indem, wenn je ein Zeitpunkt
da gewesen wäre, in welchem jemand Hoffnung gehabt hätte, seine Ideen über Gesetze
und Staatseinrichtung wirklich zu machen, er
nun gewiß mir zu einem solchen Versuch erschienen sey, weil Ich, um alle das Gute zu

wirken, das ich vorhatte, nur den einzigen
Dionys zu überzeugen brauchte. So dachte
ich, und der Gedanke, und diese kühne Hoffnung, nicht das, was man glaubte, be-
stimmte mich zu dieser Reise. Am meisten
aber trieb mich die Achtung vor mir selbst, damit ich nicht für einen Mann gehalten würde,
der nur in Worten Etwas ist, da aber, wo
es auf die That ankommt, sich zu nichts brauchen lassen will. Auch sahe ich nicht, wie ich
es gegen den Dion, meinen Freund und Vertrauten, verantworten würde, wenn ich ihn
nun in der großen Gefahr verließ, in welcher
er sich befand. Wenn, dachte ich, er vielleicht in kurzem vom Dionys und seinen eigenen Feinden vertrieben, zu uns nach Athen
fliehen müste, und er nun vor mir stünde, und
sagte: „O Plato, da komm ich zu dir, ver-
jagt aus meinem Vaterland, wo ich gegen
meine Feinde mich zu schützen, nicht Waffen,
nicht Reuter, wo ich nur deinen Rath und
deine Zunge brauchte, mit welcher du so viel

vermagſt, um die Jugend zur Gerechtigkeit und zur Tugend zu rufen, und ihre Herzen zur Freundſchaft und zur Vertraulichkeit zu gewinnen; aber du haſt mir ſie verſagt, und darum muß ich nun mein Syrakus verlaſſen, und ein Fremdling unter euch wohnen! Doch nicht ich, nicht mein Unglück iſt es, das dir ſo viele Schande macht; aber haſt du die Philoſophie, die du ſo hoch zu rühmen, über deren Geringſchätzung du ſo zu klagen pflegteſt, haſt du die nicht zugleich mit mir verrathen? Hätten wir in Megara gewohnt, und ich hätte dich dahin gerufen; ſo müſteſt du der ſchlechteſte aller Menſchen geweſen ſeyn, wenn du nicht den Schritt gethan hätteſt, um mich zu erretten; womit kannſt du dich alſo jetzt entſchuldigen, als mit der Länge des Wegs, mit der Beſchwerlichkeit der Reiſe über die Meere, und mit der Mühe, die du hätteſt übernehmen müſſen; aber wie willſt du damit deine Schlechtigkeit beſchönigen? Wie in aller Welt?" — Wenn das Dion zu mir geſagt hätte, was hätte ich ihm antworten können? Wahrlich nichts.

So wichtige Gründe hatte ich also, diese Reise zu unternehmen, die mir, wenn irgend einem Menschen nun zur Pflicht wurde, und um derentwillen ich hier den edelsten und schönsten Umgang verließ, und mich in die Gewalt eines Tyrannen gab; ich, dessen Gesinnungen und Grundsätze sich so wenig mit dergleichen Leuten vertragen könnten. Dieser Entschluß allein macht mich los von aller Schuld gegen den Gott der Freundschaft und gegen die Philosophie, welche ich beleidigt und geschändet haben würde, wenn ich in dem Augenblick mich zaghaft und weichlich gezeigt hätte.

Als ich ankam in Syrakus, denn ich will mich kurz fassen, fand ich den Dionys in der größten Verwirrung und voll von Argwohn gegen den Dion, von welchem er glaubte, daß er nach seiner Krone strebte. Ich nahm mich meines Freundes soviel an als ich vermochte;

aber ich vermochte wenig, und kaum war ich
im vierten Monat an dem Hof, als Dionys
den Dion, immer voll Furcht, durch ihn mit
List von dem Thron gestürzt zu werden,
schimpflich von sich jagte, und ihn auf einem
kleinen Nachen von der Insel wegführen ließ.
Wir und die übrigen Freunde des Dions hatten nun große Ursache zu besorgen, daß der
Tyrann auch über uns herfallen, und uns, als
wenn wir Theil an Dions Absichten gehabt
hätten, zur Verantwortung und zur Strafe
ziehen würde. Auch trug man sich in ganz
Syrakus mit der Nachricht, daß Dionys mich
wirklich als einen Mitschuldigen des Dion
habe hinrichten lassen. Der Tyrann merkte
unsre Besorgniß bald. Er war aber selbst
auf seiner Seite nicht weniger besorgt, daß
unsre Furcht schlimme Folgen für ihn haben
könnte. Er begegnete uns deswegen auf das
freundschaftlichste, und gab sich alle Mühe,
uns nicht nur zu beruhigen und zu besänfti-
gen, sondern auch insbesondere mich zu bewe-

gen, daß ich noch länger bey ihm ausbauern
möchte. Denn ihm konnte meine Flucht nichts
nutzen, wohl aber war es ihm sehr wichtig,
daß ich unter diesen Umständen bliebe. Deswegen bat er mich auch darum so dringend,
und die Bitten der Tyrannen sind schon ein
Zwang. Ueberdies brauchte er auch noch, um
meine Abreise unmöglich zu machen, die List,
daß er mich zu sich auf das Schloß nahm, und
mir da meine Wohnung anwiese, wo, wenn
er auch meine Flucht nicht hätte hindern wollen, ich doch keinen Schiffer gefunden haben
würde, der mich ohne seinen ausdrücklichen
Befehl weggeführt hätte. Hätte ich aber allein aus dem Schloß gehen wollen, so hätte
jeder Bürger, jeder seiner Bediente auf dem
Wege mich ergriffen, und sicher wieder in
seine Hände geliefert. Neben dem sagte man
sich nun auch überall, wo man ausgesprengt
hatte, daß der Tyrann mich tödten lassen, gerade das Gegentheil, und wußte sich nicht genug von der Liebe zu erzählen, die er mir er-

J 5

zeigte. Auch ist nicht zu leugnen, (denn ich
muß die Sache erzählen wie sie ist) daß er
mich von Tag zu Tag mehr lieb gewann, und
immer mehr Vergnügen an meinem Betragen
und an meinem Umgang fand. Aber er verlangte dabey, daß ich ihn mehr loben und
mehr lieben sollte als den Dion, gegen welchen er in einem hohen Grad eifersüchtig war.
Wollte er jedoch so von mir geliebt seyn wie
ich den Dion liebte, und konnte er je das von
mir hoffen, so war das beste Mittel dazu, daß
er sich mit der Philosophie vertrauter machte,
und mit mir lebte, um sich in ihren Lehren
unterrichten zu lassen. Davor aber hütete er
sich sehr, weil Dions Feinde ihm den Argwohn beygebracht hatten, daß er auf diese Art
werde gefangen werden, und daß Dion nur
darauf warte, um seine Absichten auszuführen. Ich blieb indessen ruhig, und fest bey
dem Vorsatz, mit welchem ich nach Syrakus
gekommen war, den ersten Augenblick zu benutzen, wenn er sich der Philosophie ergeben

würde. Er aber sträubte sich dagegen, und
war nicht zu gewinnen. So verfloß die Zeit
meines ersten Aufenthalts an seinem Hof.
Nach der Zeit kam ich auf des Tyrannen drin-
gendste Bitte noch einmal dahin, und wie
wichtig die Gründe waren, die mich zu der
andern Reise vermochten, welche gerechte Ursachen ich dazu hatte, und was ich damals aus-
richtete, das sollt ihr, weil so viele sind, die
diese zweyte Reise nicht begreifen können, hernach erfahren, wenn ich vorher euch gesagt
habe, was ich unter den jetzigen Umständen
euch rathe. Denn, das ist doch die Hauptsache, welche ich um dieser Nebendinge willen
nicht beyseite setzen darf. — Hört also, was
ich von der Sache denke.

Der Arzt würde mein Mann seyn, und
den würde ich für einen rechten Arzt halten,
der, wann er zu einem Patienten käme, welcher eine üble Diät hätte, ihm vor allen Dingen riethe, eine bessere anzunehmen, und der

erſt dann, wenn der Patient ihm folgte; ihm
etwas vorſchriebe, das ihn heilte, ihn aber
ſeinem Schickſal überließ, wenn er ihm nicht
folgte. Riethe er ihm aber auch dennoch,
wenn er ihm gleich nicht folgte; ſo würde er
in meinen Augen ein Stümper in ſeiner Kunſt
und ein Schwachkopf ſeyn. Eben ſo iſt es
mit der Regierungskunſt. Wenn ein
Staat, er ſtehe nun unter einem
Fürſten, oder unter mehrern Häup-
tern, wenn der den ordentlichen,
guten Weg geht, und in dem etwas zu ſeinem Beſten zu rathen
iſt; ſo muß ein Mann von Kopf
ihm ſeinen Rath nicht verſagen.
Lauft aber im Gegentheil der
Staat einen andern Weg, und wollen da die Leute auf keine Weiſe
den guten Grundſätzen der ächten
Regierungsweisheit Gehör geben,
verbieten ſie ſogar ihren Räthen,
etwas an ihrer Verfaſſung zu än-

bern, und drohen sie mit Tod und
Strafe, wenn diese Räthe dennoch
eine solche Aenderung nöthig fin-
ben; oder befehlen sie ihnen über-
dies etwa noch, selbst Sclaven ihrer Lüste und ihrer Begierden und
Absichten zu werden, und nur
solche Rathschläge zu geben, wodurch sie diese am besten und leich-
testen und geschwindesten bis in
Ewigkeit erreichen und vergnügen
können; dann ist der, welcher noch
in solchen Rathsversammlungen
sitzen mag, ein Weiß, und ein
Mann muß heraus gehen. *)

*) Mich dünkt, Plato spricht hier von denen, welche
glauben, daß sie auch in so verdorbenen Raths-
conseßen doch dann und wann etwas partial Gutes stiften könnten. Diese Leute bedenken aber nicht,
daß selbst das Gute, wenn es in das überwiegende
Böse gemischt wird, schlecht werden muß. In einer
Rathsversammlung zum Beyspiel, welche den Despotismus befördern wollte, kann vielleicht wohl
dann und wann jemand, irgend einem oder dem
andern den Druck des Despotismus erleichtern;
aber was nußt das, wenn er diesen Despotismus

Nach diesen Grundsätzen handle ich in meinem ganzen Leben. Wenn jemand mich in einer wichtigen Angelegenheit seines Lebens

im Ganzen befördern hilft? und selbst die Wohltha-
ter des Despoten sind, wie Aristoteles hin und wieder bemerkt, drückend und ein Uebel für die Menschen. Uebrigens hat diesen Einwurf, der viele gute
Menschen noch irre macht, wie mich dünkt, Epiktet am schönsten gehoben. Ich kann mich nicht ent-
halten, die ganze Stelle herzusetzen, — „Aber,“
sagt er, „man wird einwenden: darf ich dann meinem Vaterland meine Hülfe entziehen? Welche
Hülfe? Freylich Bäder und Stoen wirst du deiner
Vaterstadt nicht erbauen: Aber wie? Macht doch
auch der Schmid deinen Mitbürgern keine Schuhe,
noch der Schuster Waffen. Jeder dient seinem Vaterland genug, wenn er rechtschaffen thut, was
sein Stand erfordert; und, ist das ein geringer
Dienst, den du dem Vaterland leistest, wenn du
einen oder den andern deiner Mitbürger treu und
rechtschaffen machst? Ich denke doch nicht! Bist du
nicht also auch in dem Privatstand ein nützlicher
Bürger des Staates? Aber was wird dann mein
Rang seyn in dem Staat? Dein Rang? Der, den
die Treu und die Tugend giebt. Und wie? Wenn
du aus Begierde, dem Staat zu dienen, Tugend
und Treue verleugnen sollst, wirst du so nichtswür-
dig und schlecht ihm noch etwas nützen können?
Epiktet. Handbuch, Cap. XXIV. Selbst Plato sagt
in dem Politiker: Der Weise wird nur diejenigen
Staatsgeschäfte annehmen, die ihn besser machen,
diejenigen aber fliehen, welche die guten Grundsätze
seiner Seele stören — Und dieser Egoismus scheint
mir unter diejenigen zu gehören, die nicht allein
erlaubt, sondern sogar geboten sind.

am Rath fragt, um die Erhaltung seines Geldes und seiner Güter, oder um die Gesundheit seines Leibes, oder um das Wohl seiner
Seele, und ich finde dann, daß er sein Leben
sonst schicklich eingerichtet hat, oder daß er
eines guten Rathes fähig, und ihn anzunehmen geneigt ist, dann bin ich immer bereit,
ihm treulich zu rathen, und begnüge mich
nicht, ihm nur etwas vorzusagen. Wenn
aber niemand meinen Rath verlangt, oder
wenn ich voraus weiß, daß mein Rath kein
Gehör finden wird, dann dringe ich ihn auch
niemand auf. Und so würde ich selbst meinen Sohn nicht zwingen, meinen Rath anzunehmen, und nur meinem Knecht würde ich
so etwas bieten. Hätte ich aber Eltern, welchen man, wenn sie nämlich bey Sinnen sind,
ohnehin seinen Rath nicht aufzwingen darf,
und diese lebten auf eine Art, die mir nicht
gefiele, so würde ich sie weder durch meinen
Rath, den sie doch nicht achten würden, mir
zu Feinden machen, noch, um ihnen zu ge-

fallen, mich zu einem Werkzeug ihrer Lüste
brauchen lassen, das ihnen verschaffte, was
sie verlangten, um ein Leben zu führen, gegen welches mir der Tod eine Wohlthat wäre.
Und so, dünkt mich, muß ein Mann
von Seele sich auch gegen den
Staat verhalten. Wenn ihm die
Regierung mißfällt, so muß er reden und rathen, so lang er Hoffnung hat, daß er nichts vergebens
rede, und so lang er nicht den Tod zu be-
fürchten hat, wo er rathen will. Aber mit
Gewalt muß er die Verfassung des Staates
nicht umstürzen wollen; und da, wo diese anders nicht als mit Bürgerblut und Tod und
Vertreibung der Bürger gebessert werden kann,
da muß er schweigen, und die Götter bitten
um Gnade für ihn und für den Staat. *)

Nach

*) Diesen Gedanken des Plato wünschte ich allgemein
machen zu können. Denn gewaltsame Revolutio-
nen können nur umstürzen, und da, wo ein Staat
nur

Nach diesen Grundsätzen möchte ich auch euch
nun rathen!

Auch dem Dionys habe ich gerathen, so
mit Dion umzugehen, daß er ihn sich ganz zu
eigen mache, und neben ihm sollte er überall
Freunde und Vertraute an sich ziehen, damit
es ihm nicht ergehe wie seinem Vater, der so

nur durch diese zu retten ist, da ist es, dünkt mich,
offenbar, daß die mittlere Classe, aus welcher die
Staatsdienste und Rathsstellen genommen werden,
verdorben sind. Sind sie aber das, so ist voraus
zu sehen, daß auf das Schlechte nur etwas noch
schlechteres folgen wird, welches sehr theuer erkauft
werden muß. In dieser Hinsicht wäre allerdings
hier und da zu wünschen gewesen, daß unsre ge-
schäftigen Aufklärer mehr an der Aufklärung dieser
Mittelklasse, als an der Aufklärung des Volkes gearbeitet hätten; denn dieser wird doch nach jeder Revolution die neue Ordnung der Dinge in die Hand
fallen. Ist nun diese nicht besser, sondern nur anders schlecht als die obere Klasse, was ist dann von
ihr zu hoffen. Wie klärt man aber diese auf? oder
wie macht man's, wenn sie nicht aufzuklären, und
doch alles schlecht ist?" Plato sahe, wie es scheint,
kein ander Mittel, als das, die Götter zu bitten
um Gnade für einen solchen Staat! Und mich
dünkt, die Gottheit hat auf das Gebet der Friedfer-
tigen im Land einen Comet aufsteigen lassen, der,
Baille sage was er will, warnend, und warnt er
umsonst, vielleicht vorbedeutend ist!

K

viele Städte Siziliens, welche die Barbaren
verwüstet hatten, in seine Gewalt bekam, und
so viele wieder aufbaute, und doch nirgend,
weder unter den Fremden, noch unter den Ein-
heimischen, noch in seinem eigenen Haus unter seinen Brüdern, die er selbst erzogen hatte,
jemand fand, dem er sie anzuvertrauen gewagt hätte, und der deswegen sich genöthigt
sahe, die Beamten, die er über sie setzte, aus
dem Pöbel zu nehmen, und die schlechtesten
Leute mit Reichthümern zu überhäufen, um
sie zu erkaufen; und doch mit allen seinen Ge-
schenken und mit allen den guten Worten, die
er an sie verschwendete, selbst durch das Band
der Verwandschaft, womit er sie an sich zog,
sich nicht einen einzigen so gewinnen konnte,
daß er än ihm einen treuen Gehülfen in seiner
Regierung gefunden hätte. In dem Betracht
war er siebenmal schlechter als der Persische
Darius, der sich weder seinen Brüdern, noch
seinen Zöglingen, sondern blos denen vertraute, welche ihm geholfen hatten, den Me-

dischen Afterkönig und seine Eunuchen zu stürzen. Diesen gab er sieben Satrapien, deren
jede so groß war als ganz Sizilien, und doch
fand er an ihnen Gehülfen, die ihm treu blie-
ben, und unter welchen keiner weder ihm noch
den andern gefährlich wurde. Auch ist sein
Beyspiel ein Beyspiel für alle Könige und alle
Gesetzgeber, weil er Grundgesetze annahm,
durch welche das Reich der Perser sich noch bis
auf diesen Tag erhalten hat. Auf eben diese
Weise haben die Athenienser so viele, von ihnen nicht erbaute, sondern den Barbaren wieder abgenommene griechische Städte, sieben-
zig Jahre lang blos dadurch in unverrücktem
Gehorsam erhalten, daß sie in ihnen überall
sich Freunde machten. Der alte Dionys hingegen glaubte besonders klug zu handeln, wenn
er, weil er niemand traute, ganz Sizilien in
eine Stadt zusammentriebe; aber kaum hat
er mit Noth und Mühe sich erhalten können,
weil er so arm an Freunden und an treuen
Dienern war; und wahrlich, Freunde haben

oder keine, das ist ein redendes Zeichen von
dem Werth oder dem Unwerth eines jeden
Menschen.

Das riethen wir also dem König, Dion
und ich, indem wir ihn an das einsame Leben
seines Vaters, der weder mit Weisen und Gelehrten, noch sonst mit jemand Umgang hatte,
erinnerten, und ihn unaufhörlich ermahnten,
sich unter seinen Verwandten und unter den
besten der Jünglinge seines Alters, die Gefühl für die Tugend hatten, Freunde zu machen, am meisten aber sein eigener zu seyn.
Denn daran, sagten wir, fehle es ihm am
meisten. Freylich sagten wir ihm das nicht
mit dürren Worten, welches uns hätte nach-
theilig werden können, aber doch gaben wir
es ihm oft genug deutlich; und wie es sich in
unsern Unterredungen anbringen ließ, zu verstehen. Oft bemerkten wir, daß blos dadurch
ein Mann sich und diejenigen, an deren Spitze
er sich befände, schützen und erhalten könne;
und daß, wenn einer einen andern Weg

wählt, er am Ende zu Grund gehen müſſe.
Auch das ſagten wir ihm nicht ſelten, daß,
wenn er ſich nach unſern Lehren bilden, und
Weisheit und Tugend lernen wolle, es ihm
nicht ſchwer fallen dürfte, die zerſtörten Städte
der Inſel wieder aufzubauen, und ſie durch
weiſe Geſetze und durch Einführung guter
Ordnung ſo zuſammen zu halten, daß er auf
ihren Gehorſam zählen könnte, und daß ſie
ſelbſt unter ſich einander gegen die Barbaren
beyzuſtehen geneigt ſeyn würden, wodurch am
Ende ſein väterliches Reich ſich verdoppeln,
und weit über das Doppelte anwachſen müſte.
Stünde aber ſeine Herrſchaft einmal in einer
ſolchen Verfaſſung, ſo würde er noch eine
größere Gewalt über die Carthaginenſer erhalten, als der alte Gelon eine gehabt hätte,
und dann würde er nicht mehr Urſache haben,
ſich vor ihnen zu fürchten, wie ſein Vater, der,
ſo ſehr anders als Gelon, ihnen ſogar zins-
bar zu werden gezwungen wurde. Das ſind
die Ermahnungen, das die Rathſchläge, mit

welchen wir den Dionys, wie man uns Schuld
gab, hintergehen und ins Netz locken woll=
ten! Aber selbst Dionys hatte diesen Argwohn
gegen uns gefaßt, und ihm so viel Gewicht
gegeben, daß er, blos durch ihn geblendet,
den Dion von sich stieß, und mich in solche
Schrecken triebe. Darauf kam denn, daß
ich die lange Geschichte ins kurze ziehe, Dion
von Athen und aus dem Pelopones, und
zwang den Dionys mit Gewalt in sich zu ge=
hen. Aber kaum hatte mein Freund das Volk
von dem Tyrannen errettet, und zweymal
seine Stadt wieder frey gemacht; so dachten
sie von ihm, wie Dionys selbst von ihm ge=
dacht hatte, als Dion, ihn zur Tugend
ziehen, ihn seiner Krone würdig machen, und
sich dann ihm für das ganze Leben widmen
wollte. Denn er glaubte den Verläumdern
des Dions, die ihn in allem, was Dion da=
mals that, Spuren der Verrätherey finden
ließen, und ihm unaufhörlich vorsagten, Dion
suche ihn nur darum in die Wissenschaften und

in die Philosophie einzuleiten, damit er sich
in diese so vertiefe, daß er sich um die Regierung nicht mehr bekümmern, und sie diesem
allein überlassen möchte, welcher sie dann bald
ganz an sich reißen, und seinen betrognen
Schüler um alles bringen werde. Diese Verläumdungen siegten damals beym Dionys, und
nachher wieder bey dem Volk, zur Schande
derer, die sie erdachten, und sie nur allzu glücklich so wirksam gemacht haben. Wie aber
das alles zugieng, das will ich euch nun erzählen, weil ihr meinen Beystand in euren jetzigen Umständen verlangt.

Ich kam, noch vor des Tyrannen Fall,
aus Athen, als ein Freund des Dions, und
in der Absicht, ihm nützlich zu seyn, und wieder Frieden zu stiften, zum Dionys. Aber
seine Feinde waren mir zu stark; doch vermochte Dionys mit allem seinem Geld, das
er mir anbot, und mit allen den Ehrenbezeu-
gungen, womit er mich überhäufte, nicht so

viel über mich, daß ich auf seine Seite treten,
und durch meine Freundschaft gegen ihn ein
Zeugniß hätte ablegen sollen, womit er des
Dions Vertreibung beschönigen könnte.

Nach diesem allem kam dann Dion von
Athen mit zwey Brüdern, die er von hier mit
genommen hatte, und die nicht durch die Philosophie, sondern wie sich so die alltäglichen
Freundschaften der meisten zu binden pflegen,
durch den Umgang bey Gastmahlen und bey
den Zusammenkünften der Mysterien, seine
Freunde und Gesellschafter geworden waren.
Bey solchen Gelegenheiten, und wegen einiger Höflichkeiten, die diese Brüder ihm bey
seinem Aufenthalt unter uns geleistet hatten,
kam Dion mit ihnen in Verbindung, und sie
giengen mit ihm. Als sie aber nun nach Sizilien kamen, und merkten, daß ihr Freund
den Syrakusanern verdächtig wurde, und daß
eben das Volk, das er von einem Tyrannen
befreyt hatte, nun in ihm den andern be-

sorgte; da fiel es diesen beyden ein, an ihm
nicht allein Verräther, sondern so gut als
selbst seine Mörder zu werden; denn sie hatten Waffen in der Hand, und standen denen,
die ihn umbrachten, zur Hülfe. Unterdrük-
ken kann ich diese schändliche abscheuliche Thaten nicht, aber mehr will ich euch auch nicht
davon sagen; denn viele haben sie ausgebrei-
tet, und bis in Ewigkeit wird man sie sich erzählen. Nur mein Vaterland, nur Athen
muß ich vertheidigen, auf das ein solcher
Greuel einen Schandflecken zu prägen scheint.
Und ich kann es; denn hier ist auch ein Athenienser, den weder Reichthümer noch Ehre
bewegen konnten, seinen Freund zu verrathen;
denn, mit ihm band ihn nicht die Gassen-
freundschaft der gemeinen Seelen, sondern
das heilige Band der edlern Weisheit, dem
der Weise allein mehr traut als allen Banden
der Seele und des Leibes, das bande sie!
Und so vermag denn die Treulosigkeit dieser
Nichtswürdigen nicht, unsere Stadt zu schän-

den. Das sey den Freunden und Verwandten des Dions gesagt!

Was aber nun meinen Rath betrift, so
sage ich eben das, was ich immer sagte, nun
auch euch den dritten zum drittenmal: Lasset
Syrakus nun — und nicht Syrakus — laßt,
wenn ihr mir folgen wollt, keine Stadt von
Menschen beherrscht werden, laßt alle nur
vom Gesetz regieren! Der Mensch, der
über andere herrscht, und der
Mensch, der beherrscht wird, sind
beyde unglücklich, sie und ihre Kinder sinds, und die Enkel ihrer Kinder. Voll Gefahr ist hier jeder
Versuch. Wer nun Vortheils willen die
Herrschaft über Menschen an sich reißt, hat
eine kleine knechtische Seele, und kennt nicht,
und weiß nicht, was jetzt und künftig gut ist
und gerecht ist unter den Göttern und unter
den Menschen. Das habe ich zuerst den Dion
gelehrt, dann sagte ich eben das dem Diony-

Ihr seyd nun die dritten, denen ichs sage, und ich beschwöre euch bey dem Gott, der euch dreymal gerettet hat, gehorcht meiner Stimme. Werft ein Aug' auf beyder Schicksale, des Dionys und des Dions. Der eine hörte mich nicht, und nun lebt er ein trauriges Leben; der andere hörte mich, und er starb einen glor= reichen Tod. Denn, wer für sich und sein Vaterland strebt nach dem Guten, den kann, es befalle ihn was da will, nichts befallen, als was gut und was schön ist.

Zwar sagen viele, niemand von uns wäre unsterblich gebohren, und glücklich wäre kei= ner, der es wäre; denn der Verstorbene habe weder Gutes noch Böses, das irgend in Be= trachtung käme, zu leiden, aber die Seele wäre es immer, welche beydes befalle, sie möge nun mit dem Körper verbunden seyn oder nicht. Ihr aber, lasset uns den alten heiligen Sagen trauen, die uns versichern, daß die Seele des Menschen unsterblich ist,

und daß ein Gericht sie erwartet, das die Ver=
brechen mit den größten Strafen an der Un=
sterblichen rächt, sobald sie den Leib verlassen
hat. Und deswegen ist es ein ungleich gerin=
geres Uebel, großes Unrecht leiden, als Un=
recht thun. Der Geistesarme vernimmt aber
das nicht, wenn seine Habsucht ihn ergriffen
hat, oder er spottet darüber, wenn man es
ihm sagt, und glaubt, ihm stünde frey, ohne
Schaam zu rauben was er will, und er habe
nichts zu thun, als gleich den Thieren auf
dem Felde zu essen und zu trinken, und sich
unersättlich in den niedrigsten ekelhaftesten
Wollüsten der Liebe, die wahrlich diesen Na=
men nicht verdienen, herumzuwälzen. Blinde,
die nicht sehen, welche Thaten den Göttern
ein Greuel sind, und wie jedem Unrecht das
Elend auf dem Fuße folgt, das der Lasterhafte
schon, wenn er noch auf der Erde wandelt, in
seinem Busen trägt, und das ihm folgt bis
unter die Erde überall auf seiner ehrlosen jam=
mervollen Reise.

Auch das sagte ich dem Dion, und er
nahm es auf in seine Seele; darum hasse ich
seine Mörder noch mehr als den Dionysius
selbst. Denn beyde haben mir und den Uebrigen beynahe das ärgste gethan, was man
Menschen thun kann. Jene haben den Gerechten getödtet, und dieser, dem solche Gewalt zu Gebot stund, verschloß in der ganzen
Zeit seiner Regierung der Gerechtigkeit sein
Ohr; er, der, wenn er den Geist der Philosophie mit seiner Gewalt vereinigt hätte, allen Griechen und allen Barbaren die große
Wahrheit in ihrem schönsten Glanz hätte zeigen können: daß nur die Tugend allein unter der Hand der Gerechtigkeit den Staat und den Bürger
glücklich zu machen vermag; sowohl unter dem Monarchen, der
diese großen Gaben in sich vereinigt, als unter den Senaten gott-
gefälliger Obern, die ihr Volk zur
Zucht und Sittlichkeit erziehen,

Darin hat Dionys mir wehe gethan, und
alles andere, was ich unter ihm litte, achte
ich nichts gegen das. Und eben das haben
Dions Mörder gethan, ohne zu wissen was
sie thun. Denn so viel Menschen von Menschen wissen können, bin ich überzeugt, daß
Dion, wenn er die Regierung von Syrakus
in seine Hand bekommen hätte, keine andere
Absicht hatte, als sein Vaterland von der Scla-
verey zu erlösen, und in seinem Volk einen
edlen Muth im Geist der Freyheit wieder auf-
zuwecken; nachher aber mit den besten und
weisesten Gesetzen den ganzen Staat zu grün-
den und zu bilden. Und gelänge ihm das, so
hatte er vor, die Städte Siziliens wieder aufzubauen, und sie von dem Joch der Barbaren, die er dann, leichter als Gelon, theils
zu vertreiben, theils zu besiegen hoffte, auf
immer los zu machen. Wenn nun so große
Dinge von dem weisen, tapfern, gerechten
Mann, dem Geweihten der Philosophie voll-
führt worden wären, würde er dann nicht,

eben wie Dionys es gekonnt hätte, wenn er
mir gefolgt wäre, die Tugend in ihre Rechte
wieder eingesetzt, und sie in einen solchen
Glanz gestellt haben, daß beynahe alle Völker der Erde ihr hätten huldigen müssen. *) —

*) Nach einem solchen Zeugniß, das Plato dem Dion
giebt, kann man wohl nicht anders als mit Ekel
sehen, wie häßlich der jüngste deutsche Uebersetzer
des Plutarch, in der Vorrede zum VIII. Theil, den
Charakter dieses Mannes, aus den viel spätern und
von den innern Gesinnungen des Dions gewiß nicht
unterrichteten Geschichtschreibern, nämlich aus den
Nachrichten, oder vielmehr den Darstellungen des
Cornelius und des Justins und des Diodor von Si-
cilien verzeichnet. In dieser ganzen Stelle scheint
mir Herr v. Schirach die Idee von Republik und
von Demokratie sehr verwechselt zu haben. Der
achte Brief des Plato beweist, daß Dion wirklich
eine aus der Monarchie, Aristokratie und Demokratie zusammengesetzte Staatsverfassung eingeführt
haben wolte, und diese ist eigentlich wahre Republik; nicht das Pöbelregiment. Am widrigsten muß
es dem Leser dieser Vorrede auffallen, daß der Verfasser derselben gegen das klare Zeugniß des Plato
behauptet, Dionys habe dem Dion sein Vermögen
verabfolgen lassen, da er ihm doch dasselbe nicht allein ganz wegnahm, sondern ihm noch dazu seine
Frau entzog, und, selbst nach dem Zeugniß des Cornelius, seinen Sohn zu allen Lastern verführen
half. In dem Rath, den Dion dem alten Dionys
geben wollte, folgte derselbe bles den Regeln der Gerechtigkeit, und weder Dion noch Plato wollten damals oder hernach die Syrakusaner ohne ein Ober-
haupt lassen. Der Brief, der Dions Verrätherey

Aber nun ist ein feindlicher Dämon, oder ein
lasterhafter, ruchloser Mensch dazwischen gekommen, und hat mit aller der trotzigen Ver-
wegen-

des Staates beweisen soll, und den Hr. v. S. für
ganz ausgemacht annimmt, ist mit nichts bewiesen,
und Dions erster Brief an den Dionys erklärt diesen ganzen Vorwurf für falsch, auch bezeugt Plato
überall, daß Dion die Carthaginenser selbst von der
ganzen Insel habe verjagen wollen. Die Anklage
des Dions ist also in allen Rücksichten ungegründet,
und eben so verunglückt ist die Schirachische Ver-
theidigung des Demagogen Heraklides, und der von
diesem vorgeschlagenen Gütervertheilung, welche
gegen den Heraklid spricht, indem der allein so etwas rathen kann, der den Staat ganz zu Grund
zu richten vorhat. Die Worte des Homers, die Dion
gegen diesen Heraklid brauchte, zeugen auch nicht
gegen Dions patriotische Gesinnungen; denn er
wendete sie nur auf den Augenblick an, in welchem
der Staat offenbar nur einen Mann an der Spitze
haben konnte, und seine Güte und Schonung für
den Heraklid beweist genug, wie gern er mit diesem
gearbeitet hätte, wenn er nicht überzeugt gewesen
wäre, daß die Syrakusanische Demokratie nicht bestehen könnte. Die Strenge in dem Charakter des
Dion kann ihm auch nicht zum Vorwurf gemacht
werden, denn sie war Folge seiner Philosophie und
seines Hasses gegen die Italienische Weichheit. ——
Mich dünkt, es ist die Pflicht eines jeden, dessen
Seele für die Tugend gestimmt ist, große Menschen
gegen die ungerechten Urtheile der Nachwelt zu verantworten; und wenn Dions Apologie sich auf Plato's Zeugniß stützen kann, so hätte, dünkt mich, der

Ueber-

wegenheit der Unwiſſenden, welche überall
Elend und Laſter pflanzt und baut, woraus
den künftigen Zeiten die bitterſten Früchte wach,
ſen werden, zum andernmal alles vernichtet
und zuſammengeſtürzet. Möge ein günſtige,
res Geſtirn über den dritten Verſuchen walten,
die ihr nun unternehmen wollt. Aber vor
allem rathe ich dabey, ahmet genau dem Dion
in ſeiner Vaterlandsliebe und in der Tugend
des Wandels ſeines Lebens nach. Was ſeine
Abſichten waren, und welcher Geiſt euch lei,
ten muß, wenn ihr dieſe ausführen wollt,
das habt ihr deutlich von mir gehört. Wer
unter euch nicht mit ächter doriſcher Einfalt

Ueberſetzer des Plutarchs ehe der Vertheidiger dieſes
philoſophiſchen Patrioten werden, als ſeine heilige
Aſche mit Verläumdungen entweihen ſollen, die nur
ſo zweydeutige Bürgen für ſich haben, und die es
ſich durch ihre gehäſſigſte Zuſammenreihung zu eigen
gemacht hat. Das fehlt uns noch, um ganz
ſchlecht zu werden, daß wir, da wir ſo
wenig gleichzeitige Größe und gleich,
zeitige Tugend um uns ſehen, auch noch
die edelſten Bilder der alten Größe und
der alten Tugend mit unſern kleinher,
zigen Kritiken beſudeln und verwiſchen.

L

und Enthaltsamkeit leben kann, wer da leben
will, wie die Mörder des Dions lebten, und
wie man in Sizilien lebt, den nehmt nicht in
eure Gemeinschaft auf, traut ihm auch nichts
gutes, nichts männliches zu. Alle andere
aber ermuntert, die Städte Siziliens wieder
aufzubauen, und ruft sie zum Bürgerrecht
gleicher Gesetze, sowohl aus Sizilien als aus
dem Pelopones. Auch scheut euch nicht vor
den Atheniensern; denn auch da sind edle
Freunde der Tugend, und viele, die von ganzer Seele die That des Freundemordes verflu-
chen. Wollt ihr aber das in dem Drang der
Meutereyen und der täglich an allen Orten
überhand nehmenden Empörungen verschieben,
so sagt mir, ob irgend ein vernünftiger Mann,
dem die Götter nur einigen Sinn gegeben haben, ob der hoffen kann, daß diese Meutereyen und Empörungen anders ein Ende nehmen werden, als wenn einmal die mächtigere
Partey aufhört zu morden, und ihre Feinde
zu verjagen und zu züchtigen, und wann sie

anfängt ſich zu beſinnen und ihre Leidenſchaf-
ten zu bändigen, und endlich einmal gerechte
Geſetze zu geben, die nicht ſie allein begünſti-
gen, ſondern auch ihren Widerſachern zu gut
kommen, und dieſe alſo zugleich von zwey Seiten, von der Seite der Furcht und von der
Seite der Schaam, ſich ihnen zu unterwerfen
nöthigen. Durch die Furcht nämlich, weil
die Stärkern und Mächtigern ſie ihre Macht
fühlen laſſen können; und durch die Schaam,
weil ſie ſehen, daß ihre Ueberwinder ſich ſelbſt
zu beſiegen gelernt haben, und genug Stärke
der Seele beſitzen, freywillig ihren Geſetzen
zu gehorchen. *)

Das iſt das einige Mittel, wodurch eine
aufrühriſche Stadt aus ihrer Verwirrung und

L 2

*) Dieſe Stelle ſcheint mir auch Plato der großen nun
ſo gährenden franzöſiſchen Nation zuzurufen, und
da dieſe nun alle Nationen aufbiethet, ihr zu rathen, ſo würde ſie wohl auch dieſen Rath aus Athen
nicht übel nehmen können, und ſicher werden ihn
ächte Patrioten dem großen Unſinn der Paines und
ihres Gleichen vorziehen. Noch ſcheinen mir aber
die Gemüther nicht in der Stimmung, in welcher
man ſo etwas anhören mag.

ihrem Elend geborgen werden kann; und
wenn das nicht angewendet wird, so keimt unaufhörlich neuer Haß, neues Mißtrauen, neue
Feindschaft aus sich selbst hervor.

Welche Partey dann nun in einem solchen
Staat die Oberhand hat, die muß ferner,
wenn sie anders den Staat retten will, aus
sich selbst diejenigen auswählen, die für die
rechtschaffensten und besten gehalten werden,
und zwar zuerst die Alten, die da Weiber-und
Kinder in ihrem Haus haben, und die die
größte Anzahl von guten und löblichen Vorfahren aufweisen können, auch dabey selbst
so viel eigenes Vermögen besitzen, daß sie davon zu leben im Stand sind. Ein Senat
von funfzig solcher Männer wird für eine
Stadt von 10,000 Bürgern genug seyn.
Diese müßt ihr durch inständiges Bitten und
durch die sichtbarsten Beweise eurer Ehrfurcht
zusammenberufen, dann sie mit einem Eid
belegen, und ihnen hernach das große Ge-

schäfte der Gesetzgebung übertragen, es ihnen
aber dabey zur Pflicht machen, daß sie ohne
alle Rücksicht auf die Parteyen, weder auf
die, welche die Oberhand erhalten hat, noch
auf die, welche bezwungen worden ist, allen
gleiche Rechte geben, die nur das gemeine
Beste des ganzen Staates zum Endzweck haben. Das ist der wahre Geist der Gesetze.
Denn, wenn die Mächtigen sich noch mehr als
die Schwächern durch die Gesetze binden lassen, dann ist alles Heil und Wohl in dem
Staat, und er ist gerettet von allem Uebel.
Wollt ihr aber das nicht, so sehe ich, daß ihr
den Grundsätzen, die ich euch hier anrathe,
nicht beystimmt, und dann muthet weder mir,
noch sonst jemand zu, an euren Entschlüssen
Theil zu nehmen. Denn ich sage euch nun
nichts, was ich und Dion nicht schon längst
aus Liebe zu eurem Staat auszuführen dachten, als wir nämlich zum zweytenmal an eurer Verfassung arbeiteten. Und eben das wollten wir auch das erstemal, da wir noch mit

dem Dionys selbst uns über euer gemeinschaft-
liches Wohl berathschlagten. Das Verhäng-
niß der Götter, dem alle menschliche Dinge
unterthan sind, hat aber unsere Absichten ver-
eitelt. Jetzt stehe die Gottheit und ein besse-
res Glück euch zur Hand, wenn ihr eben das
zu unternehmen versucht!

Und nun habt ihr den Rath gehört, den
ich euch gebe, und auch die Geschichte meiner
ersten Reise zum Dionys habt ihr vernommen.
Nun sollt ihr auch noch, wenn ihr weiter lesen wollt, erfahren, mit wie vielem Vorbedacht und mit wie vieler Wahrscheinlichkeit eines glücklichen Ausgangs ich meine zweyte
Reise zu dem Tyrannen unternommen habe.

Die Zeit meines ersten Aufenthalts in Sizilien ist, wie ihr euch erinnern werdet, ver-
laufen, ehe ich im Stand war, mit den Freunden und Verwandten des Dion etwas zu seinem Besten zu verabreden; vielmehr hatte ich
außerdem genug zu thun, den Dionys nur

dahin zu bringen, daß er mich wieder von sich
ließ. Er that es, und zugleich machten wir
mit einander aus, wie es nach dem Frieden,
denn damals war Krieg in Sizilien, zwischen
uns gehalten werden sollte. Dionys versprach
nämlich, alsdann, und sobald er seine Herrschaft durch den Frieden versichert haben würde,
den Dion und mich zurück zu rufen, und
wünschte dabey sehnlichst, daß Dion nicht in
der Meinung stehen möge, als habe er ihn
vertreiben wollen, da er ihn nur zu entfernen
vorgehabt habe. Und auf diese seine Zusage
versprach auch ich von meiner Seite wieder
nach Syrakus zurück zu kehren.

Nun wurde es Friede, und Dionys
säumte auch nicht, mich zu rufen, vielmehr
lag er mir eifrig an, meine Reise zu beschleunigen, den Dion aber bat er, nur noch ein
Jahr in Geduld zu stehen.

Selbst Dion bat mich nun inständig, die
Reise anzutreten, denn wir hörten wieder

überall, daß Dionys damals auf das neue sich mit allem Eifer auf die Philosophie gelegt habe, und das schien dem Dion ein so gutes Zeichen, daß er nicht nachließ, die Bitte des Tyrannen nach allen Kräften zu unterstützen. Ich dachte jedoch sehr anders über den neuen Eifer des Dionys, denn dergleichen Launen der jungen Leute waren mir nicht neu, und sicherer schien es mir allerdings, beyde, den Dion und den Dionys ihrem Schicksal zu überlassen. Ich wagte es also darauf, die Liebe des einen und des andern zu verlieren, und schlug ihnen ihre Bitte ab, weil ich schon zu alt zu einer solchen Reise wäre, und doch Dionys nun nicht hielte, was er mir versprochen hatte.

Ehe jedoch das geschahe, muß, wie es scheint, Archytas von Tarent bey dem Dionys gewesen seyn; denn, ehe ich das erstemal von Syrakus weggieng, hatte ich diesen und noch einige Tarentiner in die Bekanntschaft des Tyrannen gebracht. Außer diesen hatten

auch mehrere Syrakuſaner den Dion gehört,
und noch andere hatten ebenfalls vielen philoſophiſchen Unterredungen deſſelben beygewohnt,
und waren dadurch ganz für unſere Philoſophie eingenommen worden. Dieſe alle mögen nun, denke ich, etwa verſchiedentlich mit
dem Dionys über manche philoſophiſche Ge-
genſtände, in der Vorausſetzung, daß dieſer
alle meine Ideen von dieſen Dingen ſchon von
mir gelernt haben müſſe, geſprochen haben;
da mag denn dieſer, dem es in der That nicht
an Genie für ſolche Dinge mangelt, und der
dabey ſehr ehrgeizig iſt, ſich, wenn ihm eins
oder das andere gefiele, geſchämt haben, daß
dieſe Leute nun merken müſten, daß er ſo etwas bey meinem erſten Aufenthalt an ſeinem
Hof noch nicht gehört hatte. Und daher kann
auf der einen Seite ſein Eifer, meine Meinung von dieſen Dingen deutlicher zu vernehmen, entſtanden ſeyn, und auf der andern
Seite ſein Stolz ſich beleidigt gefühlt haben,
Ihr werdet auch aus dem, was ich vorhin

schriebe, leicht die Ursache einsehen, warum
ich ihn bey weitem nicht in meine ganze Philosophie eingeleitet habe. Unter diesen Umständen ists also sehr wahrscheinlich, daß Dionys
nun auf den Gedanken fiele, es werde jedermann, der da hörte, wie ich das erstemal
mich von ihm losgemacht, und das anderemal
zu ihm zu kommen abgeschlagen hätte, nicht
anders glauben können, als daß ich nach den
Erfahrungen, die ich das erstemal an seinem
Hof gemacht hatte, von seinem Geist, seinen
Sitten und seiner Lebensart sehr übel denken,
und ihn zu gering achten müßte, um noch einmal zu ihm zu kommen.

Was nun weiter geschahe, das bin ich
schuldig euch mit aller Aufrichtigkeit zu erzählen, und es darauf ankommen zu lassen, ob
nicht vielleicht meine Klugheit tadelhaft, und
die Feinheit des Tyrannen lobenswürdiger
scheint. Denn dieser schickte hierauf zum drittenmal, und fertigte zugleich ein Schiff für

mich ab, um meine Reise zu beschleunigen;
zugleich sandte er mir den Archedemus zu, auf
welchen ich, unter allen Syrakusanern am mei=
sten zu halten schien, und welcher auch einer
der Angesehensten, und ein Freund des Archy=
tas war. Dieser nun und überhaupt alle an=
dere konnten mir von dem philosophischen Ei=
fer des Dionys nicht genug erzählen. Sie
brachten mir sogar einen langen Brief von
dem Tyrannen selbst, in welchem er, weil er
wohl wuste, wie eifrig Dion wünschte, daß
ich käme, und wie ich mit diesem stund, gleich
von Anfang alles darauf anlegte, daß ich sei=
ner Absicht Gnüge leisten möchte. Der Brief
lautete ungefähr so: „Dionys grüst den Plato.
Wenn du mir den gewöhnlichen Gruß gesagt
hast, kannst du mir nachher nichts sagen, was
mir mehr anläge, als wenn du mir versprichst,
daß du mir nachgeben, und wieder zu mir
kommen willst, und dann soll das erste seyn,
daß ich alles für den Dion thun werde, was
du selbst gut finden wirst; denn ich weiß, du

wirst in deinen Forderungen billig seyn, und
das werde ich dir alles zustehen: kommst du
aber nicht, so erwarte nur nicht, daß ich weder in Ansehung des Dions, noch in dem
übrigen deinen Absichten entspreche." So
schrieb er, und noch viel anderes, das nicht
hierher gehört. Außer diesem Brief erhielte
ich noch viele andere Schreiben von dem Archytas und von den Tarentinern, welche alle
die Philosophie des Dionys einstimmig lobten,
und mich nebenbey versicherten; daß, wenn
ich nicht käme, ihre Freundschaft mit dem Dionys, die sie mir zu danken hätten, und die
ihnen in ihren Staatsangelegenheiten so wichtig wäre, einen empfindlichen Stoß leiden
würde.

Da nun auf diese Weise die Italiener und
die Syrakusaner mit so vielen Bothschaften
mich an sie zu ziehen suchten, und da im Gegentheil die ungestümen Bitten der Athenienser mich gleichsam aus der Stadt hinaus trie-
ben, man auch anfieng mir überall zu sagen,

daß ich den Dion nicht verlaſſen, und meinen
tarentiniſchen Freunden und Bekannten nicht
entſtehen dürfte; und da ich nun am Ende
ſelbſt überlegte, daß es eben auch kein Wunder wäre, wenn ein junger Mann, der doch
einigen Anſtrich von edlern Kenntniſſen erhalten habe, ſeine Seele wecke und ſich für die
Tugend erkläre, und daß es alſo meine Schul-
digkeit wäre, wenigſtens zu erforſchen, wohin ſein Herz ſich neigte, und ihn nicht ſogleich
von mir zu ſtoßen, damit ich mir wenigſtens
nichts vorzuwerfen hätte, wenn allenfalls wahr
wäre, was man von ihm rühmte; da ent-
ſchloß ich mich endlich, eingehüllt in das Be-
wuſtſeyn meiner guten Abſichten, nicht ohne
Furcht, aber auch nicht ohne eine freylich fehl-
geſchlagene Ahndung des Beſſern, dieſe Reiſe
nochmals zu unternehmen. Und wahrlich, die
Hand der ſchützenden Gottheit war über mir!
denn abermals wurde ich gerettet. Dieſe Rettung muß ich aber nach der Gottheit auch dem
Dionyſius ſelbſt verdanken. Denn da viele

mir nach dem Leben standen, hatte er doch noch
so viel von Schaam übrig, daß er mich ihnen
nicht dahingab.

Meine erste Bemühung bey meinem Ein-
tritt an seinen Hof war nun, zu untersuchen,
ob wirklich die Philosophie seine Seele ergriffen habe, wie eine Flamme, oder ob der Ruf,
der in Athen erschollen war, grundlos wäre?

Es ist ein Mittel, wie man solche Dinge
erforschen kann, und das Mittel ist nicht allein an sich nicht unanständig, sondern es ist
insbesondere bey den Großen, und bey allen
denen sehr wohl zu gebrauchen, die nur ihren
Kopf mit dem angefüllt haben, was sie etwa
in den Hörsälen der Philosophie auffangen
konnten, welches, wie ich bald genug zu be-
merken Gelegenheit hatte, allerdings bey dem
Dionys der Fall gewesen ist. Dieses Mittel
besteht darin, daß man gleich den Leuten die
große Schwierigkeit ihres Unternehmens vor
Augen lege, und ihnen geradezu sage, wie

viel Mühe sie sich geben, wie viele Arbeit sie unternehmen müssen, wenn sie zum Zweck gelangen wollen. Wenn nun der, dem man das so hinlegt, wenn der einen wahren Ruf zur Philosophie hat, und wenn der Gott in seinem Herzen ihn zu ihren hohen Lehren geschaffen hat; dann freut er sich des mühsamen Wegs, tritt ihn muthig an, und entschließt sich, ihm sein ganzes Leben, das ihm sonst zur Last würde, zu widmen. Dann strengt er jede Kraft seiner Seele an, und reißt seinen Führer mit sich fort, bis er entweder mit ihm zum erwünschten Ziele gelangt, oder selbst die Stärke erworben hat, mit eigenem Geist allein die glorreiche Bahn zu vollführen. Zu dem Zweck formt er nun sein ganzes Leben; immer und in allem, was er thut, schwebt ihm die Philosophie vor dem Auge, und bis auf seine Speise und Trank wiegt er alles ab, damit seine Seele immer freyen Schwunges sey, zu lernen, zu behalten, zu denken, und was daran ihn stören könnte, ist ihm verhaßt und ein Greul!

Diejenigen aber, die nicht mit ganzer
Seele von der Philosophie durchglühet sind,
sondern, welchen nur einige philosophische
Ideen die Oberfläche gefärbt haben, wie die
Sonne die Körper bräunt, die ihr ausgesetzt
sind, wenn die hören, wie viel sie zu lernen
haben, wie viele Arbeit ihnen bevorsteht, wie
sehr sie, um auf dem Weg, den sie wandeln
wollen, fortzukommen, jeden körperlichen Genuß beschränken müssen, die fühlen dann bald,
daß ihnen das viel zu schwer ist, und ziehen
die Hand weg von einer Last, die ihre Kräfte
so weit übersteigt. Noch giebt es aber einige,
die sich selbst überreden, daß sie schon den ganzen Umfang der Philosophie gefaßt, und alle
diese Mühe nicht weiter nöthig hätten. Und
selbst bey denen, die auf diese Art durch Trägheit und Wolluft von der Arbeit abgeschreckt
werden, ist jenes Mittel das beste und sicherste,
damit sie wenigstens dann die Schuld nicht
auf den Lehrer werfen können, sondern sie in
sich selbst finden, wenn sie am Ende fühlen,
wie

wie unvorbereitet und wie unmächtig sie sind,
das große Werk zu vollenden.

So nun sagte ich auch dem Dionys, was
ich ihm nach dieser Bemerkung sagen muſte.
Ueber alles andere aber, was ich ihm sonſt
zu sagen gehabt hätte, habe ich mich gegen
ihn nicht herausgelaſſen. Auch brauchte ich
es nicht; denn er gab ſich bey mir das Anſe=
hen, als ob er ſo vieles und dazu das wich=
tigſte ſchon alles wüſte, und es von andern ge=
lernt hätte. Er ſoll ſogar über das, was er
damals hörte, eine Art von Syſtem geſchrie=
ben, und es für ſeine eigene Erfindung aus=
gegeben haben, woran diejenigen, welche er
etwa gehört haben möchte, keinen Theil hät=
ten. — Doch, das weiß ich nicht gewiß. An=
dere aber kenne ich wohl, die auch über dieſe
Dinge geſchrieben haben; ich zweifle aber
daran, ob ſie ſich ſelbſt verſtehen. Doch traue
ich mich von ihnen und von allen denen, welche
über diejenige Dinge, mit welchen meine Phi=

M

 философie sich am meisten beschäftigt, geschrieben haben, oder noch schreiben werden, sie mögen nun sagen, daß sie ihre Lehren von mir gehört, oder daß sie dieselben von andern empfangen, oder gar, daß sie selbst sie erfunden hätten; von denen allen traue ich mit Zuversicht zu sagen, daß sie, wenigstens wie ich die Sache ansehe, nie etwas davon gehört haben können. Auch habe ich nie etwas darüber geschrieben, noch werde ichs. Denn von andern Dingen kann man wohl reden, von diesen aber nicht. Sondern wenn man mit und in diesen Gedanken viel gelebt hat, dann erst zündet sich von sich selbst in der Seele, wie von einem springenden Funken des Feuers, ein Licht an, das dann zehrt aus sich selber! Zwar bin ich überzeugt, daß das, was ich gesagt oder geschrieben habe, besser gesagt werden kann; aber das thut mir doch weh, wenn man meine Sachen mir schlecht nach-

schreibt. Wenn ich glaubte, daß man solche
Dinge in ihrer ganzen Fülle und Würde dem
Volk vorsagen, oder sie ihm zu lesen geben
könnte; zu was würde ich mein Leben besser
anwenden können, als über Dinge zu schreiben, die dem Menschen so wichtig sind, und
ihren Augen zu enthüllen das Heiligthum der
Natur. Jeder Versuch dieser Art ist aber
schon gefährlich, und nur mit den Wenigen
darf man ihn wagen, welche mehr nicht als
einen Fingerzeig brauchen, um selbst zu finden. Bey den andern würde man entweder
diese hohen Wahrheiten einer plumpen Verach-
tung aussetzen, oder man würde ihre Seele
zu leeren Hoffnungen spannen, und zum eitlen
Wahn der Kenntniß großer Geheimnisse.

Ihr werdet mir erlauben, noch länger bey
diesen Betrachtungen zu verweilen; denn aus
dem, was ich noch darüber sagen werde, wird
euch manches andere, was noch zu der Geschichte meines Aufenthalts bey dem Dionys

M 2

gehört, klärer werden. Die Verwegenheit
aber derer, welche über solche Sachen sich
öffentlich herauslassen, läßt sich, wie ich schon
öfter sagte, und Euch nun auch zeigen werde,
leicht darthun.

Drey Dinge gehören dazu, um einen Gegenstand, welcher es auch sey, wissenschaftlich
zu bearbeiten; das vierte ist die Wissenschaft,
und das fünfte ist der Gegenstand selbst und
sein wahres Seyn. *)

---

*) Diese Stelle scheint mir über Plato's Philosophie,
und über die Philosophie überhaupt ein großes Licht
zu verbreiten. Bekanntlich lehrte Plato nach, wie
es nicht unwahrscheinlich ist, der Schule des Heraklid, daß die Materie immer schwankend und un-
stät flöße, also eigentlich nur Eigenschaft, Affection
wäre; daß aber einem jeden Dinge ein eigenes Wesen, das er oft Idee nennt, unterläge, das fest und
unveränderlich bliebe. Diese Idee nun, dieses feste,
unveränderliche Wesen, das sich nur in der Seele
und durch die Seele anschauen läßt, dieses ist das,
was hier Plato unter dem fünften verstehet, wenn
anders ich diese Stelle richtig verstanden habe.

Dieser Gedanke scheint mir auch sehr gegründet;
denn wir werden auf denselben durch die unmittel-
bare Anschauung unsrer eignen ersten wirkenden
Prinzipien in uns, und durch die gleichfalls unmit-
telbare Anschauung unsers Leidens geführt, und das
durch berechtigt, einen analogischen Schluß auf die

Das erſte dieſer Dinge iſt der Nahme des
Gegenſtandes, das andere iſt ſeine Beſchrei-
M 3

Objecte außer uns zu machen, der uns zwar nicht
ins innere Heiligthum der Wahrheit führt, aber
doch unſern Platz im Vorhof deſſelben ſo ſehr er-
leuchtet, als es uns nöthig iſt, um da den Dienſt
unſrer Prieſterſchaft zu verſehen.

Es iſt jedoch nicht zu leugnen, daß die alten
und neuen Philoſophen durch einen Mißbrauch dieſes analogiſchen Raiſonnements, und daß unter
ihnen ſonderlich Plato im Objectiviren oft zu weit
geht; aber mich dünkt, die allerneuſte deutſche Philoſophie zieht die der Menſchheit geſetzten Grenzen
durch ihr Subjectiviren eben ſo ſehr viel zu enge zuſammen. Aus lauter Sorge, in ihr gereinigtes oder
reinigendes Syſtem nichts empiriſches einſchleichen
zu laſſen, ſondern alles auf lauter Grundſätze und
Begriffe, die a priori entſtanden ſind, zu bauen,
ſchneidet ſie den denkenden Menſchen gleichſam von
der ganzen Natur und der um ihn lebenden, ihn
immer mit ſich fortreißenden Schöpfung gänzlich
ab, und macht ihn vielleicht in einigen Dingen um
etwas gewiſſer, aber wahrhaftig weder weiſer noch
beſſer, wenn anders die Weisheit noch will, daß
man ſich in ſeine Verhältniſſe ſchicke. Es mag ſeyn,
daß dieſe Philoſophen ſehr große Urſache hatten,
eine Kritik der reinſten Philoſophie im engſten Verſtand des Wortes, Philoſophie, zu geben, und
mir ſcheinen ſie einen glücklichern und beſſern Weg
gegangen zu ſeyn, als die alten Skeptiker, die im
Grund eben dieſe Abſicht gehabt haben mögen. Aber
Kritik der Philoſophie iſt nicht deswegen
Kritik der Vernunft. Jene kann vielleicht
zu ihrer Demüthigung auf die engen Kreiſe der

bung, das dritte die Darstellung des Gegen-
standes, das vierte ist dann die Wissenschaft.

apodiktischen Gewißheit eingeschränkt werden; warum macht sie sich an das Schild: hier findet
man Wahrheit, auszuhängen? Aber nicht so
die Vernunft. Die Vernunft, dünkt mich, kann
den, der ihrer Leitung sich ergiebt, nicht in engere
Grenzen schließen, als diejenigen sind, in welchen
er ist, und wem es scheint, daß, wie einige alte
Stoiker prahlten, die Vernunft in der Hungers-
noth gebiete, ohne zu essen glücklich zu seyn, dem
würde wohl Shakespear mit Recht die Frage vorle-
gen können: ob er auf den beeisten Alpen wärmer
werde, wenn er an das Feuer denke?

Die Vernunft kann die Schlüsse aus Analogien und aus Wahrscheinlichkeiten ebe nicht entbehren, als bis sie entweder das Wesen, den Grund-
stoff, alle Prinzipien der Dinge erkennt; oder
bis sie sich losmacht von der Sinnlichkeit, von dem
Willen, von der Empfindung; oder endlich bis die
ihr a priori unbekannte Welt aufhört, auf sie zu
wirken. Dann mag sie über Realitäten oder Phänomene absprechen wie sie will, nichts hindert sie
dann in jedem Augenblick zu sagen: Ich weiß nicht.
Aber so lang sie die Gesetzgeberin des Willens seyn
muß, so lang sie zu den Phänomenen sagen muß,
du gefällst mir, und du gefällst mir nicht; so lang
muß sie selbst die Phänomene als Wirkungen von
Realitäten ansehen, und nach Analogien, In-
ductionen und Wahrscheinlichkeiten über deren Ursachen richten und urtheilen, und nach ihren Urtheilen dem Willen seine Gesetze geben. Eine Kritik, die der Vernunft dieses abspräche, würde sie
nicht reinigen, sondern entmannen; und mich
dünkt sogar, eine Philosophie, die sich durch eine
solche Reinigung so sehr von der Vernunft sagen

Um dieses recht verständlich zu machen,
will ich ein Beyspiel von einem solchen wissen-

M 4

krirte, würde selbst Gefahr laufen, bald in eine
bloße Formgebungs - Manufactur auszuarten,
welche in kurzem alle Materie verlieren, und in
der nächsten Generation im Denken den alten
scholastischen Peripatetismus einführen würde, welchem dann immer im Handeln, zumahl da,
wo dem Vorurtheil und dem Aberglauben ihre zäh-
mende Kraft benommen worden ist, der regelloseste
Libertinismus folgt, bis sich beyde in der Barbarey
verlieren. Ein System, das beynahe alle Wirklich-
keit, das Gott und Unsterblichkeit wegkritisirt, und
die Tugend so metaphysisch sublimirt, daß ihre Gestalt kaum mehr zu ahnden ist, läßt nichts bessers
hoffen. Und obgleich das allerneuste Reinigungs-
system uns eine Sittlichkeit a priori, und selbst
Realität, Gott und Unsterblichkeit, die dasselbe
uns mit der einen Hand genommen hat, mit der
andern wieder zu geben scheint; so giebt es doch
diese eben so wieder, wie man in einigen schwa-
chen Gerichtshöfen dem, den das Urtheil als einen
Betrüger verdammt, seine Ehre durch die frostige
Clausel, seiner Ehre unbeschadet wie-
der zu geben pflegt, und die Sittlichkeit, die uns
dieses System aus dem Schiffbruch der Vernunft
rettet, ist so feinnervig geworden, daß sie den
Kampf mit dem Laster schwerlich mehr wird bestehen können.

Ich gehe in dem System herum, und rufe der
Weisheit, wie Orlandino in dem Zauberpalast der
Lirina seiner Geliebten ruft; ich glaube sie zu sehen, aber wenn ich sie ergreifen will, so ent-
schlüpft immer die Erscheinung, die mich täuschte,

schaftlichen Gegenstand geben, nach welchem
dann alle übrige leicht zu beurtheilen sind.

Der Zirkel soll der Gegenstand seyn. Da
habt ihr nun zuerst den Nahmen. Die Beschreibung oder Erklärung dieses Gegenstan-
des, als das Zweyte, wird mit den Zeichen

meiner Hand, und spottet noch unfreundlich meines Wahns. In Plato's System kann ich freylich
auch die Göttin nicht mit der Hand ergreifen; aber,
wenn ich ihr doch so nahe komme, daß ich das Rau-
schen ihres Gewandes vernehmen kann, so fühle ich
wenigstens, daß Lebensgeist auf der Stelle webte.
Plato hebt freylich den Schleyer der Isis nicht auf,
aber er macht ihn doch so dünne, daß ich unter ihm
die Gestalt der Göttin ahnden kann: Macht uns
die neue deutsche Philosophie glücklicher, wahrer,
besser, macht sie uns nur gewisser, wenn sie neue
Schleyer auf die alten wirft, oder wenn sie vielmehr gar die Göttin so verschwinden macht, daß es
niemand mehr einfallen kann, nur nach ihr zu
fragen?

Mich dünkt, das sicherste äußere Kennzeichen
der Aechtheit der Menschen-Philosophie ist nicht
das, daß sie uns gewisser, sondern das, daß
sie uns besser mache. Denn die Philosophie, die
uns nur Gewißheit giebt, schließt uns überall in
Kreise ein, in welchen Vernunft und Menschensinn
sich doch nicht behelfen können; die aber, die uns
besser macht, schlingt uns ein in die gränzlose Harmonie des Ganzen.

der Worte gegeben. Das würde dann seyn:
Eine Figur, deren Aeußerstes überall gleich
weit von dem Mittelpunkt abstünde. Diese
Figur nennt man dann auch eine Rúnde, einen Kreis. Das dritte, die Darstellung,
kann entweder gezeichnet und wieder ausge-
löscht, oder gedrechselt und wieder zerstört
werden, und die Idee des Zirkels, welche der
Gegenstand von dem allen ist, leidet darunter
nichts, weil sie etwas ganz anders ist. Das
vierte ist die Wissenschaft vom Zirkel, der
wahre Begriff, die Vorstellung desselben in
der Seele. Das ist also das vollständige
Eins, welches alles andere unter sich begreift,
und unabhängig von den Worten in der Erklärung und von den sinnlichen Bildern der
Darstellung blos in der Seele liegt; zum Beweis, daß das, was wir eigentlich Zirkel nennen, weder in dem Nahmen, noch in der
Erklärung, noch in der Darstellung gesucht
werden muß.

An dieses Vierte nun, an die in der Seele
liegende Wissenschaft, gränzt das Fünfte am
nächsten, ihm ist es am ähnlichsten und am
meisten verwandt; nicht so den drey übrigen.

Das, was ich nun hier von dem Zirkel
sagte, das gilt alles auch von dem geraden
und krummen, von den Farben, vom Guten
und Bösen und Gerechten; von allen Kör-
pern, sowohl von denen, welche die Kunst
hervorbringt, als von den natürlichen, vom
Feuer, vom Wasser und dergleichen, von allem was da lebt, und von allen Eigenschaften und Neigungen und Fertigkeiten der Seele,
und überhaupt von allem was gethan wird und
gelitten wird.

Wer nun diese vier Dinge nicht vorher
von einem Gegenstand weiß, der kann auch
das fünfte nie vollkommen erlangen. Denn,
durch diese vier will man, außer dem, was
ich vorher von ihnen sagte, nicht allein die
Beschreibung der Dinge, sondern man will

das Wesen der Dinge selbst mit unsern schwa-
chen Wortzeichen geben. Und deswegen wird
ein Mann von Sinn diese Dinge, und seine
Wissenschaft von den Gegenständen nie mit
dem unveränderlichen Wesen der Dinge für
Eins und das nämliche halten, wie sie etwa
mit dem schriftlichen oder bildlichen Ausdruck
eins werden können. *)

*) Da Plato in dieser ganzen Ausschweifung nur die
Ursachen anführen will, warum man alle fünf
Stücke, die er zur vollständigen Erkenntniß fordert,
nicht, weder in Worten noch in Bildern ausdrük-
fen kann; so scheint er mir in dieser sehr abgekürz-
ten Stelle mit den Worten ὃ δὴ πάχει τὰ γεγραμ-
μένα, sagen zu wollen: die schriftliche oder die bild-
liche Darstellung kann die ganze Wissenschaft, also:
die vier ersten Stücke der Erkenntniß wohl so um-
fassen, daß eine solche Darstellung ganz ist, was
die Wissenschaft ist; aber so kann die Wissenschaft
nie eben das seyn, was das γνωτὸν καὶ ἀληθες,
was die selbstständige Idee, als das fünfte der Erkenntniß ist. Uebrigens bemerke ich bey den Worten
Ἡ τὸ ὂν ἑκάςου, διὰ τὸ τῶν λόγων ἀσθενὲς ꝛc. daß
ich hier διὰ nicht wegen, sondern mit oder
durch übersetze, welches, nach den von Stephanus
angeführten Beyspielen, in einem attischen Schriftsteller wohl erlaubt ist. Sollte es wegen übersetzt
werden, so würde die Stelle schwerlich vollständig
seyn. Oder man müßte sie anders interpunktiren,
und etwa das δι einschieben dürfen; etwa so —

Nun laßt uns die Sache noch weiter betrachten, um auch das recht zu verstehen.

Ein jeder Zirkel, den wir auf das Papier hinmahlen oder ausdrechseln, hat sehr vieles in sich, das mit dem fünften Stück, welches wir zur vollkommenen Wissenschaft fordern, nicht übereinstimmt. Denn dieser gezeichnete Zirkel hat überall etwas von der geraden Linie in sich; das Wesen des Zirkels aber hat nichts, nicht das allermindeste in sich, das gerad wäre. Eben so ist auch der Nahme dem Gegenstand auf keine Weise wesentlich. Denn, was wir jetzt mit dem Wort krumm bezeichnen, könnten wir ja eben sowohl gerad nennen; und

Ἦ τὸ ὂν ἑκάςον, διὰ δὲ τὸ τῶν λόγων ἀςθενὲς, ὧν ἕνεκα u. f. w. In welchem Fall alles schöner zusammenhienge, und die Stelle so zu übersetzen seyn würde: Denn außerdem wollen diese vier Dinge nicht nur die Eigenschaften, sondern auch das Wesen der Dinge geben. Aber, wegen der Schwäche der Worte, womit sie diese zu geben unternehmen, wird niemand wegen dieser ihrer Anmaßung auch sie und seine Ideen, und diese vier Stücke der Wissenschaft, mit dem unveränderlichen Wesen der Dinge für Eins und das nämliche halten, u. f. w.

das gerade, krumm; und thun wirs, so
wird auch diese verkehrte Benennung eben so
wenig dem Gegenstand wesentlich werden.

Eben das kann man auch ferner von allen
Beschreibungen und Erklärungen der Dinge
sagen. Denn, da sie aus Worten und Re-
densarten bestehen, so sind sie eben so unsicher
und wandelbar. Es läßt sich also bey den
vier ersten Stücken, von welchen ich spreche,
Zweifel auf Zweifel häufen, und überall die
Ungewißheit eines jeden zeigen. Das
schlimmste aber ist, daß da, wie ich vorhin
bemerkte, das Wesen der Dinge und ihre Eigenschaften sehr von einander unterschieden
sind, die Wissenschaft doch der Seele, welche
nicht die Eigenschaften, sondern das Wesen
der Dinge sucht, nur das geben kann, was

---

meine kritische Kenntniß ter Sprache ist aber zu
gering, als daß ich hier etwas zu behaupten wagte.
In der Hauptsache sagt hier Plato eben das, was
er am Schluß des Phädrus sagt, und bende Stellen erklären einander sehr gut.

sie nicht sucht, und was, weil es nur durch
Worte und sinnliche Darstellung gegeben wer/
den kann, immer wieder durch Worte und
durch das sinnliche Gefühl so leicht widerlegt
werden mag, daß die Menschen so zu sagen
immer in lauter Ungewißheit und Zweifeln
herumgeworfen werden. *) Wenn wir nun
aus Mangel einer guten Ausbildung nicht ge/
wöhnt worden sind, das Wahre zu suchen,
sondern uns mit Worten begnügen; so können
wir in unsern Schulstreitigkeiten uns wohl so
lang vor Spott und Lachen hüten, als wir
über die vier Dinge streiten, wenn wir nur
die Kunst verstehen, sie hin und her zu zie/

*) Diese in dem Original sehr verworrene Stelle hoffe
ich nicht unrichtig ausgedrückt zu haben. Plato will
darin die Unzulänglichkeit aller menschlichen Lehren
über die Wesen der Dinge damit beweisen, daß ein
jeder Denker seine Gedanken und Ideen von dem
Wesen eines jeden Dings anders nicht als durch
Worte und durch sinnliche Darstellung in einen an/
dern übertragen kann. Nun, sagt er, jene sind
zweydeutig, und diese muß es einem jeden überlas/
sen, sich seine Idee selbst zu bilden. Also ist es nicht
anders möglich, als daß solche Lehren immer Irr/
thümer und Mißverstand veranlassen müssen.

ßen, und Worte mit Worten zu widerlegen.
Aber, wenn man uns dahin bringt, daß wie
aus dem, was das fünfte ist, antworten sollen, dann kann uns ein jeder, wer nur will,
zum Schweigen bringen. Wer dennoch solche
Dinge in Worten oder schriftlich ausdrücken
will, oder wer aus diesem Theil des Wissens
antworten will, den kann man dem großen
Haufen, der ihn hört, als einen Mann dar-
stellen, der von Dingen spricht oder schreibt,
von welchen er nichts versteht. Denn dieser
große Haufe weiß nicht, daß seine Seele nicht
widerlegt worden ist; sondern daß aller Tadel
und Zweifel allein auf die Natur der vier
Dinge fällt, welche in sich fehlerhaft und voller Mängel ist. *) Nur die genaueste Un-

*) Mich dünkt, diese Stelle rechtfertigt den Plato
sehr gegen diejenigen, welche ihn beschuldigen, daß
er mit Verbedacht so dunkel wäre. Alle Philosophie
der Menschen kann nur die Morgenröthe zeichnen,
die Sonne muß geahndet werden. Diejenigen Philosophen, welche die Sonne selber mahlen wollen,
haben sicher nur eine Theatersonne gegeben; — und
viele haben, weil sie diese billig verachteten, und
hinter der Morgenröthe nichts ahndeten, sich be-

terfuchung, und eine oft wiederholte Betrach-
tung eines jeden dieser vier Stücke, von jedem Ende und jeder Seite, kann endlich in
gut geschaffnen Seelen mühsam die Wissenschaft erzeugen. In den Seelen aber, die
übel gebohren sind, wie die Seelen der meisten zum Lernen und zum Fassen des Geistes
der Worte, übel gebohren sind, in diesen wird
das alles schlecht und verdorben, und Linceus
selbst könnte diese nicht sehend machen. Mit
einem Wort, wessen Seele nicht von Natur
mit diesen Dingen verwandt ist, den kann
weder sein Gedächtniß, noch irgend eine Fähigkeit seines Geistes in diese Verwandtschaft
bringen. Denn in einer ihnen fremden Natur keimen sie nie. So wird auch der, der
von Natur kein Gefühl für das Schöne und
das Gute hat, wenn er auch noch so fähig
und noch so geschickt in andern Dingen ist;
und

---

gnügt, uns zu rathen, lieber gar nichts mehr seyn
zu wollen. Und das thue, wer mag, nur handle
er alsdann nicht, als wenn er etwas sähe.

und umgewandt, der, welcher zwar dieses
Gefühl besitzt, aber keine Fähigkeit des Geistes hat, nie etwas vorzügliches weder in der
Kenntniß der Tugend noch in der Kenntniß
des Lasters leisten. Man muß zugleich das
Wesen der Dinge, sowohl in sich, als in allen seinen Abweichungen kennen, und dazu
gehört viele Anstrengung und Zeit, wie ich
im Anfang schon bemerkt habe. Denn nur
durch eine mühsame Zusammenhaltung und
Vergleichung eines jeden Nahmens, jeder Erklärung und Beschreibung der Dinge, jeder
Erfahrung der Sinne, durch eine aufrichtige
Prüfung derselben, und eine, Wahrheit, nicht
Prunk suchende Rede und Widerrede unter denen, deren Meinungen verschieden sind, nur
dadurch kann die richtige Einsicht und der Verstand der Dinge, so weit menschliche Kräfte
reichen, gefunden werden. Und deswegen
wird ein weiser Mann sich sehr in acht nehmen, die innere Ansicht der Dinge, wie seine
Seele in ihren geheimen Arbeiten sie sieht,

N

der Menge in Schriften zu lesen zu geben,
und sie ihrem Urtheil und ihrer Eifersucht zu
unterwerfen. Also, mit einem Wort, muß
jeder, der selbst Sinn hat, wenn er irgend
eine Arbeit von einem solchen denkenden Mann
entweder über die Gesetzgebung, oder über
sonst etwas in die Hand bekommt, gleich merken, daß der Schriftsteller nicht alles, was
er über diesen Gegenstand dachte, dargelegt,
sondern daß er noch vieles in dem innersten
schönsten Theil seiner Seele liegen hat.
Sollte aber der Schriftsteller wirklich alles gesagt haben, dann haben nicht die Götter, sondern die Menschen ihm den Verstand geraubt. *)

*) Auch diese Stelle scheint mir etwas verwirrt. Ich
deutete sie anfangs ganz auf den Leser, nun aber
dünkt mich, ist nur der Vordersatz auf den Leser zu
ziehen, und der Nachsatz auf den Schriftsteller.
Plato scheint mir übrigens hier nicht auf den sonst
sehr richtigen Gemeinplatz, daß man nicht alles vor
dem großen Haufen bekannt machen müsse, zu zie-
len; sondern er sagt vielmehr, daß selbst die Philosophie ihre unerklärbare, nur fühlbare Geheimnisse
habe, und tadelt mit einiger Härte diejenigen Philosophen, welche mehr nicht denken, als was sie

Wer nun diesen meinen Bemerkungen
oder diesen meinen Grillen nachdenkt, der
muß sich überzeugen, daß, wenn Dionys
oder sonst jemand, er sey nun größer oder
kleiner, etwas über den Ursprung oder über
das Erste der Natur geschrieben hat, er von
meiner Meinung darüber entweder nichts voll,
ständiges gehört, oder daß er, was er hörte,
nicht richtig verstanden haben kann. Denn,
hätte er es, so würde er das alles eben so hei,
lig gehalten haben, als ich, und würde sich
nicht unterstanden haben, dergleichen Dinge
auf eine so ungeschickte und dem Gegenstand

N 2

auch sagen können, und die sich dieser ihrer Be,
schränktheit noch rühmen. Mich dünkt, er würde,
wenn er noch lebte, sein βροτοί φρένες ὤλεσαν αὐ-
τοί, auf manche Abhandlung und manches Lehrbuch
der neuen Philosophen schreiben. Ob mit Recht oder
mit Unrecht, das werden diejenigen, welche die
Philosophie gebrauchen, um durch sie weiser zu wer,
den, und die, welche durch sie nur gewisser wer,
den wollen, sehr verschieden beantworten; die aber,
welche die Philosophie nur wie Marktwaare, die
man nach dem Geschmack der Kundschaft einrichten
müsse, brauchen, werden über beyde und über Plato
selbst die Achseln zucken.

unangemeſſene Art dem großen Haufen vor
die Augen zu werfen. Dionys kann auch damit ſich nicht entſchuldigen, daß er dergleichen
nur zu ſeiner Erinnerung niedergeſchrieben
hätte. Denn, wenn die Seele einmal dieſe
Ideen gefaßt hat, ſo iſt gewiß nicht zu beſorgen, daß ſie ihr je wieder entfallen ſollten;
auch ſind ſie in wenige Worte zu faſſen. Oder
hat ihn vielleicht ein ſtrafbarer Ehrgeiz verlei-
tet, entweder ſelbſt für den Erfinder ſolcher
Dinge gehalten zu werden, oder zu zeigen,
daß er eines Unterrichts gewürdigt worden, den
er nicht verdiente, und mit der Ehre, mein
Schüler geweſen zu ſeyn, zu prahlen? Iſt
das, und konnte er das nach einer einzigen
Unterredung mit mir, ſo mag es ſeyn. Denn,
Gott weiß, (wie die Thebaner ſagen) ich
habe ein einzigesmal mit ihm über dieſe Dinge
mich herausgelaſſen, und nie mehr. Ferner
wird auch ein jeder, wer ſich die Mühe geben
will, den weitern Erfolg meines Umgangs
mit dem Dionys zu leſen, leicht einſehen kön-

nen, warum ich nur einmal, warum ich nicht
mehrmal und nochmal und öfter mit ihm darüber gesprochen habe. Denn entweder muß
Dionys alles das, seys aus einer einzigen
Unterredung mit mir, seys aus dem Unterricht anderer, seys endlich aus eigener Kraft,
erkannt und vollständig übersehen haben; oder
es muß ihm nicht werth der Mühe geschienen
haben, öfter darüber mit mir zu reden, oder
er muß gefühlt haben, daß solche Betrachtungen weit über seinen Gesichtskreis liegen, und
daß er viel zu schwach ist, sein Leben nach den
Gesetzen der höhern Tugend einzurichten.
Sollte er das, was ich ihm sagte, zu unwürdig geachtet haben, um sich mehr damit abzugeben, so werden viele Zeugen gegen ihn
auftreten, die von dergleichen Dingen ungleich
besser urtheilen können als er. Hat ihm aber
das, was ich ihn lehrte, würdig genug geschienen, daß eine liberale Seele sich damit
beschäftige, es zu lernen und ihm nachzuspü-
ren; so muß er ein wunderbarer Mensch

ſeyn, daß er dennoch ben, der ſolche Wiſſen-
ſchaften beſaß, und ihn in dieſelben einleiten
konnte, ſo wenig achtete. — Und wie gering
er mich achtete, das will ich euch nun erzählen.

Ich war nicht lange wieder bey ihm, als
er damit anfieng, daß er, gegen den Buch-
ſtaben ſeiner eigenen Briefe, den Verwaltern
des Dions befahl, dieſen den Ertrag ſeiner
Güter und ſeine übrigen Einkünfte nicht weiter in den Pelopones nachzuſchicken, wie er
bis dahin gethan hatte, und das zwar unter
dem Vorwand, weil dieſe Güter nicht meinem
Freund, ſondern ſeinem Sohn gehörten, deſſen Pflegſchaft er, als ſein Oheim, über ſich
habe. So führte er ſich alſo damals auf,
und aus dieſer Aufführung konnte ich auf ſeinen geprieſenen Eifer für die Philoſophie
ſchließen. Ein ſolches Betragen mußte mich
nothwendig verdrießen, und noch dauerte damals die gute Jahrszeit und die See war mir
noch offen. In der That hatte ich jedoch we-

niger Urſache, über den Dionys böſe zu ſeyn,
als über mich ſelbſt, und über die, die mich
ſo gezwungen hatten, zum drittenmal die
Scylla zu umſchiffen, um die grauſame Cha-
ribbis nochmals zu bereiſen.

Voll dieſes Unmuths ſagte ich alſo dem
Dionys geradezu, daß ich nun, da ich ſähe,
wie unwürdig er den Dion behandle, unmöglich bey ihm bleiben könne. Der Tyrann
fühlte nur zu gut, welchen Nachtheil es ihm
bringen würde, wenn ich ſo bald wieder zurück käme, und ſelbſt dieſe Nachrichten von
ihm nach Griechenland brächte. Er ſuchte
mich alſo auf alle Weiſe zu beſänftigen, und
bat mich was er konnte, zu verweilen. Da
ich mich aber nicht überreden laſſen wollte,
verſprach er mir, mich ſelbſt auf ſeinen eigenen Schiffen nach Haus führen zu laſſen.
Denn, ich war ſo feſt entſchloſſen, abzurei-
ſen, daß ich lieber das geringſte Boot mie-
then, und mich allen Gefahren ausſetzen, als

N 4

so unverdienter Weise ein solches Unrecht ge-
lassen ertragen wollte. Als nun Dionys
merkte, daß nichts mich von meinem Vorsatz
abbringen konnte, fiel er auf einen andern
Ausweg. Er kam nemlich gleich des andern
Tags zu mir, und that mir ziemlich einleuch-
tende Vorschläge. „Du und ich, sagte er
mir, wir entzweyen uns so oft mit einander
über den Dion und seine Sachen, daß es
wohl endlich einmal Zeit ist, diese Händel bey-
zulegen. Um deinetwillen will ich nun das
für den Dion thun. Er soll sein ganzes Vermögen haben, und mag ferner damit in dem
Pelopones bleiben; auch soll ihm mein Reich
nicht verboten seyn, sondern er soll zu uns
kommen können, so oft du und ich und seine
Freunde es gemeinschaftlich gut finden. Jedoch unter der Bedingung, daß du, deine
Freunde und Dions Freunde mir für seine
Treue bürget. Auch muß Dion für das Geld
und Gut, das ich ihm zuschicke, euch im Pelopones oder in Athen Sicherheit leisten, und

daſſelbe dort irgendwo, bey wem ihr es gut
findet, niederlegen. Alle Nuhungen davon
ſoll er haben, aber das Capital ſoll er ohne
euren Willen nicht angreifen. Denn ich geſtehe dir, ich fürchte, daß er das Geld zu
meinem Nachtheil anwenden würde, wenn er
es in die Hand bekäme; denn die Summe iſt
nicht gering. Auf dich aber und auf die Dei-
nigen traue ich ſehr. Nun überlege das, und
halte nur noch dieſes Jahr bey mir aus. In
dem künftigen Frühjahr kannſt du dann reiſen,
und dem Dion ſein Vermögen ſelbſt überbrin-
gen, das er dir allein zu verdanken hat; denn
nur du haſt ſo viel bey mir auswirken können.‟

Als Dionys dieſes ſagte, zürnte ich nicht
wenig, doch hielte ich an mich, und verſprach
ihm, die Sache zu überlegen, und ihm mor-
gen meine Antwort wiſſen zu laſſen. Und ſo
giengen wir auseinander.

Da ich nun ſo allein der Sache nach-
dachte, giengen mir allerley Gedanken durch

N 5

ben Sinn. Endlich fiel mir ein, wie, wenn
Dionys mir das nur so sagte, und im Grund
ganz andern Sinnes wäre, und ich gieng nun
doch wieder nach Haus, er aber und andere
meldeten dem Dion, welche annehmliche Vorschläge der Tyrann gethan hätte, wie gering
aber ich auf den Nutzen meines Freundes bedacht gewesen wäre, da ich nicht das geringste
dagegen leisten, und nicht einmal meine Abreise auszusetzen mich hätte bewegen lassen
wollen? Und dann, wie wollte ich fort, wenn
der König den Schiffern verböte, mich einzu-
schiffen, oder wenn er ihnen nur sagte, daß,
wenn ich gienge, es ohne seinen Willen geschehe? Welcher Schiffer würde mich dann
aufnehmen, wenn er mich aus dem Haus seines Herrn kommen sähe? Ja, wie sollte ich
nur aus dem Haus kommen, da ich in dem
Garten wohnte, und voraus wuste, daß die
Thürhüter mich ohne des Königs ausdrückliche
Erlaubniß nicht einmal zur Thür hinaus gehen lassen würden? Bliebe ich hingegen das

Jahr über da, so hätte ich doch wenigstens
Zeit, dem Dion zu schreiben, wie es um mich
stehe, und wie es mir gegangen wäre. Hielte
Dionys nachher sein Versprechen, so hätte ich
doch so viel ausgerichtet, daß meine Reise
nicht ganz vergebens wäre; denn nach einer
billigen Schätzung belief sich doch Dions Vermögen wenigstens auf hundert Talente. Freylich sahe ich auf der andern Seite auch wohl,
daß, wenn Dionys, wie es nicht unwahrscheinlich war, mich hintergehen sollte, ich
mich oft in einer sehr mißlichen Lage befinden
würde. Indessen schien es mir doch immer
am besten, dieses Jahr noch auszudauern,
und den Dionys in die Nothwendigkeit zu se-
zen, sich durch die That selbst zu entlarven.

Nachdem ich diesen Entschluß gefaßt hatte,
gieng ich am andern Tag zum Dionys, und
versprach ihm, daß ich noch bleiben wollte.
So viel aber, setzte ich hinzu, vermag ich
nicht über den Dion, daß ich in solchen Din-

gen für ihn entscheide. Ich bate ihn also, er
sollte nebst mir das, was wir verabredet hätten, ihm zuschreiben, und wir wollten ihn
fragen, ob er damit zufrieden wäre oder nicht,
oder was er sonst verlangte? Dieses Schreiben aber müsse bald ablaufen, und alles, was
den Dion betreffe, müsse inzwischen bleiben,
wie es ist. Das sagte ich, und das wurde
eben so wie ich es sage, unter uns ausgemacht.
Inzwischen fuhren die Schiffe ab. Da ich
nun nicht mehr reisen konnte, wurde Dionys
auf einmal andern Sinnes. Er habe, sagte
er mir nun, sich besser besonnen. Es sey
nicht das ganze Vermögen des Dions, das er
ausliefern wolle, sondern nur die Hälfte wolle
er hergeben, und die andere für den Sohn
desselben aufheben. Ueberhaupt habe er beschlossen, das Ganze zu Geld zu machen, und
die Hälfte des Erlöses mir für den Dion mit-
zugeben, die andere Hälfte aber bey sich zu
behalten für den Knaben. Und das schiene
ihm das billigste.

Durch diese Erklärung des Dionys wurde
ich nicht wenig betroffen, doch schien es mir
vergeblich, etwas einzuwenden. Ich begnügte
mich also nur zu antworten: es schien mir,
daß man des Dions Erklärung erst abwarten,
und ihm nun auch diesen Vorschlag melden
müsse.

Dionys fieng hierauf an, das Vermögen
des Dions mit dem größten Leichtsinn um jeden Preis, wem und wie er wollte zu verkaufen, mir aber sagte er kein Wort davon, und
so sprach auch ich nichts weiter mit ihm über
die Angelegenheiten des Dion; denn ich sahe
wohl, daß ich doch nichts ausrichten würde,
und glaubte für die Ehre der Philosophie und
für meinen Freund alles gethan zu haben, was
ich konnte.

In den folgenden Tagen lebten wir dann
beyde ziemlich gespannt miteinander. Ich
trachtete von meiner Seite nach nichts, als
wie ich von dem Mann wieder loskommen
könnte, gleich einem Vogel, der aus seinem

Käfig sich retten will. Er aber dachte auf
nichts als auf Mittel, wie er mir ausweichen
könnte, ohne dem Dion das Seinige auszu-
liefern. So standen wir; aber in ganz Sizilien glaubte man nicht anders, als daß wir
die besten Freunde wären.

Während der Zeit war Dionys, gegen
die Grundsätze seines Vaters, damit umge-
gangen, seinen alten Lohnsoldaten ihren gewöhnlichen Sold zu schmälern. Diese aber
wollten sich das nicht gefallen lassen, und ver-
sammelten sich in ihrem Zorn, um sich selbst
Recht zu schaffen. Der König wollte sie anfangs mit Gewalt zwingen, und ließ seine
Burg vor ihnen verschließen; aber die Trup-
pen rottirten sich um die Mauern, und fien-
gen ein so wildes Kriegsgeschrey an, daß Dionys am Ende voller Angst nicht allein alles
nachgab, sondern von selbst den Aufrührern
noch mehr versprach, als sie vorher gefordert
hatten.

Da der Aufruhr gestillt war, wollte ver-
lauten, daß Heraklid der Anstifter desselben
gewesen wäre; und dieser fand, sobald er das
vernahm, für gut, auf die Seite zu gehen,
und sich zu verbergen. Dionys ließ ihn auf-
suchen, da er aber nicht wußte, wie er seiner
habhaft werden könnte, ließ er den Theodotus
zu sich in den Garten rufen. Ich war damals eben auch in dem Garten, doch hörte
ich nicht, was sie miteinander sprachen; was
aber Theodot nachher in meiner Gegenwart
sagte, das habe ich wohl gehört, und noch
erinnere ich mich dessen deutlich. „Ich rathe
hier dem Dionys,“ sagte er zu mir selbst,
„er soll mir versprechen, daß, wenn ich den
Heraklid ihm hieher schaffe, er uns über die
Verbrechen hören möge, deren nun dieser
Mann beschuldigt wird; und findet dann Dionys für gut, daß er die Insel verlasse; so soll
er ihm erlauben, mit seinem Weib und seinen
Kindern in den Pelopones zu gehen; erlaubt
er ihm aber in dem Land zu bleiben; so soll

, er, so lang er dem Dionys nichts in den Weg legt, auf seinen Gütern bleiben, und seiner Einkünfte genießen. Ich habe schon einmal an denselben geschrieben, ich will ihm auch noch einmal schreiben, daß er kommen soll; vielleicht daß mein zweyter Brief ihn ehe überredet, wenn er auf meinen ersten nicht traute. Aber, Dionys, dich bitte ich, mir zu versprechen, daß, wenn er auf dem Land oder in der Stadt von irgend jemand angetroffen werden sollte, ihm nichts geschehe, wogegen er fortgehen soll, sobald du es willst. Versprichst du das, Dionys?" Darauf sagte Dionys: „Ja, ich verspreche dirs, und sollte er in deinem eigenen Hause gefunden werden, so soll ihm mehr nicht geschehen, als was wir eben miteinander ausgemacht haben."

Gleich andern Tags kamen aber Eurybius und Theodotus eilend und voller Angst zu mir gelaufen, und Theodot fragte mich: Hast du gehört, was gestern Dionys in deiner Ge

genwart dir und mir wegen des Heraklids versprochen hat? Freylich, sagte ich, habe ich's
gehört. Und eben nun, fuhr er fort, laufen seine Trabanten überall herum und suchen
ihn, und ich fürchte, er ist noch wo in der
Gegend; nun bitte ich dich, laß uns ohne
Zeit zu versäumen zu dem König gehen.

Ich ließ mich bewegen und gieng mit ihnen hinein. Als wir vorgelassen wurden,
stunden die beyde, die mit mir gekommen waren, da und weinten. Ich aber sagte:
,,Diese beyde besorgen, daß du dem Heraklid
nicht halten werdest, was du gestern seinetwegen versprochen hast; und es scheint mir,
er ist im Vertrauen auf deine Zusage zurück-
gekommen, und vielleicht irgendwo gesehen
worden.'' Bey diesen Worten brannte er
auf, und wurde vor Zorn bald weiß, bald
roth. Da warf sich ihm Theodot zu Fuß,
nahm ihn bey der Hand, und bat ihn mit
Thränen, doch das nicht zu thun, was wir

O

beforgten. Ich aber unterbrach ihn und sagte:
„Sey ruhig, Theodot, Dionys wird das
Wort, das, er dir gestern gegeben hat, nicht
zu brechen wagen.“ Nun sah er mich mit
dem schrecklichsten Tyrannenblick an, und
schrie: „Dir habe ich nichts versprochen, weder groß noch klein.“ „Ja, du hast,“ rief
ich dagegen, „bey den Göttern! was diese nun
bitten, das hast du versprochen!“ Und mit
diesen Worten kehrte ich um, und gieng zur
Thüre hinaus. Nachher unterließ Dionys
nichts desto weniger, dem Heraklid nachzu-
spüren, aber Theodot hatte ihn gewarnt, und
ihm gerathen zu fliehen, und Tisias, den der
König mit seinen Trabanten ihm nachschickte,
konnte ihn nicht mehr einholen, weil er einige
Stunden voraus hatte, und indessen in der
Herrschaft der Carthaginenser seine Zu-
flucht fand.

Dieser Zufall schien nun dem Dionys ein
scheinbarer Vorwand, sich mit mir zu über-

werfen, um hernach in dem Besitz der Güter des Dion zu bleiben.

Das erste, was er nun that, war, daß
er mir meine Wohnung in dem Schlosse entzog, weil, wie er vorgab, die Frauen am
Hof ein zehntägiges Opfer in dem Garten
vorhätten, wo ich wohnte; ich sollte also diese
Zeit über bey dem Archedemus bleiben. Als
ich nun da wohnte, ließ mich einmal Theodotus zu sich bitten, und als ich kam, klagte er
mir vieles vor über den Dionys, und tadelte
manches an dem, was damals geschahe.

Diesen Besuch hatte der Tyrann kaum
gehört, als er auch davon einen, dem vorigen ganz ähnlichen Anlaß zu neuem Verdruß
gegen mich nahm. Er schickte gleich zu mir
und ließ mich fragen: ob es wahr wäre, daß
Theodot mich hätte zu sich bitten lassen, und
daß ich ihn besucht hätte? Ich fande keinen
Anstand zu antworten: daß ich allerdings da
gewesen wäre. Darauf sagte der Mann, der

der König geschickt hatte: „wenn das denn
ist, so läßt Dionys dir sagen: er fände es
sehr übel, daß du den Dion und seine Freunde
immer so viel mehr achtest als ihn.“ — Das
ließ er mir sagen, und von dem Augenblick
an ließ er mich nicht mehr zu sich kommen, indem er es für ausgemacht hielt, daß ich ein
Freund des Theodots und des Heraklids wäre,
und ihn hingegen zu sehr haßte, als daß ich
ihm wieder gut werden könnte, weil er das
Vermögen des Dions nun ganz weggenom-
men hätte.

Nun blieb ich also weg von dem Schloß,
und wohnte initten unter seinen Lohntruppen.
Da benachrichtigten mich aber bald einige von
Athen, und unter diesen auch einige meiner
Clienten, daß ich bey den Soldaten sehr ver-
haßt wäre, und daß viele von ihnen mir den
Tod geschworen hätten.

Jetzt war es also hohe Zeit, auf meine
Rettung zu denken. In dieser Absicht schrieb

ich denn an den Archytas und meine übrigen
Tarentinischen Freunde, und erzählte ihnen,
in welcher Noth ich mich befände. Und diese
brachten es bey ihrem Volk dahin, daß unter
dem Schein einer Gesandtschaft Lamiskus, einer aus ihren Mitteln, mit einem Schiff herüber nach Sizilien geschickt wurde. Diese
Gesandten baten den Dionys, daß er mich
entlassen sollte, indem es nun nicht mehr anders seyn könnte. Dionys willigte endlich ein,
und zahlte die Kosten der Reise. Das aber,
was dem Dion gehörte, forderte ich weiter
nicht, und erhielt es auch nicht.

Im Pelopones traf ich hierauf den Dion
bey den Olympischen Spielen unter den Zu-
schauern an; und da erzählte ich ihm alles.
Auf diese Nachricht schwur er vor mir und
meinen Freunden bey Gott, daß er nun sich
aufmachen und den Tyrannen zur Verantwortung ziehen wolle, für mich, wegen seines
Freundbetrugs, denn so nannte er und so sahe

O 3

er seine Begegnung gegen mich an, und für
sich wegen seiner ungerechten Verbannung.
Darauf überließ ichs ihm, seine übrigen
Freunde, wenn sie's wollten, zusammen zu
rufen; „aber was mich betrift," sagte ich:
„so weißt du, daß du und die andern mich
gleichsam gezwungen haben, unter sein Dach
zu kommen, an seinem Tisch zu speisen, und
mit ihm den Göttern zu opfern; auch ist dir
nicht unbekannt, daß wir beyde, du und ich,
bey ihm verläumdet worden sind, und daß er
vermuthlich glaubte, wir stellten ihm nach,
und wollten ihn um seine Krone bringen; den=
noch hat er mich nicht getödtet, wie er wohl
konnte, sondern jederzeit meiner geschont. Ich
kann also, wenn es auch sonst mein Alter er=
laubte, mich nicht entschließen, mit dir Ge=
walt gegen ihn zu gebrauchen. Da will ich
euch beyden zur Hand stehen, wenn ihr euch
freundschaftlich einander nützlich seyn wollt;
wollt ihr aber einander schaden, so sucht euch
andere Hülfe." Das sagte ich ihm, in der

Hoffnung, das Unglück abzuwenden, das sein
Zug über Sizilien zu bringen drohte, und
das mich sehr bekümmerte. Aber sie hörten
mich nicht, und was ich ihnen sagte, war vergeblich. Alles das Unglück, das wir nun
vor Augen sehen, haben sie also niemand zu-
zuschreiben als sich selbst. Aber wahr ist es,
wenn Dionys dem Dion sein Vermögen nur
hätte verabfolgen lassen, oder wenn er sonst
auf eine Art sich mit ihm in Güte vertragen
hätte; so würde das alles nicht geschehen seyn,
so viel wenigstens Menschen urtheilen können.
Denn in dem Fall hätte ich wohl ohne große
Mühe den Dion zurückgehalten. Sobald sie
aber einmal mit Gewalt aufeinander giengen,
da wurde das Elend allgemein.

Dion war übrigens wahrhaftig so gesinnt, wie ich gesinnt bin, und wie ich glaube,
daß der denken muß, welcher mit weiser Mäs-
sigung die Gewalt zu schätzen weiß, die er
und seine Freunde und sein Vaterland in Hän-

dert haben, und die ihm nur deswegen wün-
schenswerth ist, weil er durch sie und durch den
Besitz wichtiger Stellen sich verdient machen,
und im Großen groß Gutes thun kann. Nie
wird ein solcher sein Vaterland und seine
Freunde hintergehen, um Reichthümer zu
sammlen; noch wird er, wenn er arm ist,
sich zu den Verräthern gesellen, und in seiner
Nichtswürdigkeit, unfähig, sich selbst etwas
zu versagen, und gierig allen seinen Lüsten
Genüge zu thun, die Vermöglichen umbrin-
gen, und ihnen als Feinden des Vaterlandes
ihre Haabe nehmen, um seinen Anhängern
und Gesellen seinen Raub zu zeigen, daß sie
ihm seine Armuth nicht mehr vorrücken dürfen. Wer so in seinem Vaterland zu Ehren
kommt, und da, durch die Gesetze seines Pöbels, dem großen Haufen die Güter und das
Vermögen der wenigen Wohlhabenden preis
giebt, oder wer, wenn seine Stadt mächtig
ist, und andere kleinere unter sich hat, diesen
wider das Recht das Ihrige nimmt, und seine

Stadt damit bereichert, dessen Gewalt und
Größe würde Dion und jeder rechtschaffne
Mann verabscheuen, und sie für einen Schand-
fleck seines Nahmens und seiner Familie halten. Ihm lag nichts an als die Sorge, wie
er ohne vieles Blutvergießen, und ohne Vertreibung der Bürger, die Staatsverfassung
am dauerhaftesten befestigen, und in seinem
Vaterland die besten und heiligsten Geseße
einführen könnte. *) Aber, da er immer
lieber Unrecht leiden wollte, als thun, und

O 5

*) Auch diese Stelle widerlegt die Beschuldigung des
Cornelius, daß Dion seinen Freunden das Ihrige geraubt habe, auf welche Herr v. Schirach so
sehr viel zu bauen scheint, und die wohl schon dadurch widerlegt wird, daß Cornelius selbst erzählt, Dion wäre nach seinem Tod auf das innigste
von seinen Landsleuten bedauert worden. Es ist
wahrscheinlich, daß Hr. v. S. diese Briefe des Plato
nicht vor Augen hatte, da er seine Vorrede schrieb,
in welcher er lieber den Plutarch selbst verdächtig
machen, als irgend ein gutes Wort für den Dion
statt finden lassen wollte. Dion hat von der Undankbarkeit seines Vaterlandes so viel gelitten; soll
denn auch noch die Nachwelt lieber wie der Syrakusanische Pöbel, als wie Plato von dem Mann
sprechen wollen!

am Ende gezwungen wurde, das äußerſte ge=
gen ſeine Feinde zu wagen, da konnte er mit
aller ſeiner Vorſicht ſeinem Fall nicht mehr
entgehen.

Der rechtſchaffne Mann kann zwar, wenn
er zugleich vorſichtig und klug iſt, von dem
Böſewicht nicht leicht durchaus betrogen wer=
den; aber es kann ihm doch bisweilen gehen
wie dem beſten Schiffer, der zwar einen künf=
tigen Sturm voraus ſieht, aber den, der auf
einmal ausbricht, nicht ahndet, und in ihm
verſchlungen wird. So überſahe auch Dion
nur Eins. Er wuſte wohl, daß die, die ihn
umbrachten, Böſewichte waren, aber daß ſie
es in einem ſo hohen Grade wären, das wüſte
er nicht. Und ſo iſt er gefallen, und hat
ganz Sizilien in Trauer verſetzt!

Nun habt ihr gehört, was ich euch rathe
und rathen kann. Ich habe geglaubt, daß
ich mich bey der Geſchichte meiner zweyten
Syrakuſaniſchen Reiſe länger verweilen müſte,

weil sie vielen eben so sonderbar als zwecklos
scheinen konnte. Doch werde ich wohl nicht
zuviel gesagt haben, wenn ich einen oder den
andern von euch überzeugen kann, daß ich
Gründe und Ursachen genug hatte, warum
ich auch dazu mich habe bewegen lassen.

———————

# Siebenter Brief.

(in der gemeinen Sammlung der achte.)

## Plato an die Freunde und Angehörigen des Dion.

Gern will ich versuchen, Euch so viel ich kann zu rathen, was ihr nun unter euren jetzigen Umständen zu eurem Besten zu thun haben möchtet. Ich werde aber meinen Rath so einrichten, daß er nicht allein euch nützlich ist, sondern nur euch zuerst, dann auch eurer Insel, und endlich selbst euren Gegnern und euren Feinden, wenn sie nicht ganz im Laster verloren sind; denn wer das ist, der ist unheilbar, und nicht mehr zu retten. Merkt also auf das, was ich euch nun sage.

Eure ganze Insel ist nun frey von dem Tyrannen; aber viele sind noch da, welche den Despotismus wieder herstellen wollen, und andere wollen ihm auf ewig ein Ende machen. Das ist es, worüber ihr jetzt streitet.

Gewöhnlich pflegt man nun wohl in solchen Sachen zu rathen, daß man überall alles thun soll, was uns und unsern Freunden
nützlich ist, und unsern Feinden am meisten
schadet. Auch ist der Rath nicht übel; aber
es ist auch leicht einzusehen, daß man selten
jemand übels thun kann, ohne selbst darunter
zu leiden. Mich dünkt, ihr braucht nicht weit
umher zu sehen, um euch zu überzeugen, wie
wahr diese Bemerkung ist. Denn ihr seht
alle Tage, wie es unter euch in Sizillen her-
geht, und wie viele immer an der Hand sind,
das Uebel zu vergelten, das einer dem andern
thun will. Ich brauche also darüber mehr
nichts zu sagen, vielmehr seyd ihr selbst Meister in dieser Erfahrung.

Schwerer ist es hingegen, ein Mittel zu
finden, wie man beyden zugleich, den Freunden und den Feinden, Gutes thun, wenigstens alles so einrichten könne, daß beyde am
wenigsten dabey leiden; und findet man auch

ein solches Mittel, so ist seine Anwendung noch schwerer. Das ist also beynahe mehr von den Göttern zu erbitten, als von den Menschen zu helfen! So laßt es uns dann von Gott erbitten, mit welchem man doch alles Denken und Thun anfangen soll, und erhört er uns, so wird er uns auch einen guten Rath eingeben.

Vor eurem jetzigen Bürgerkrieg hat eine Familie über euch und über eure Feinde geherrscht, welche eure Voreltern erwählt haben, als sie und die Sizilianischen Griechen Gefahr liefen, ganz unter die Gewalt der Carthaginenser zu kommen.

Damals bestellten sie den Dionys wegen seiner Jugend und seiner Tapferkeit zu ihrem Feldherrn, und gaben ihm seinen ältern Bruder, den Hipparimus, zu, der ihm mit seinem Rath an die Hand gehen sollte, und beyde wurden auf die Art, zum Besten der Sizilianischen Griechen, eure Oberherren, die

wir Tyrannen nennen. Seys nun, daß die
Götter euch damals befonders beyftanden, oder
feys, daß diefe eure Regenten wirklich vorzüg=
liche Regententugenden befeffen, oder daß bey=
des zufammen mit Hülfe der Bürger jener
Zeiten euren Staat errettete; fo wurde euer
Vorfahrer wenigftens gerettet, die Urfache
mag liegen wo fie will.

Wenn ihr nun das bedenkt, fo fcheint es
denn doch billig, daß euer Staat fich denen,
welchen er feine Rettung fchuldig ift, dankbar
erzeige. Es kann feyn, daß der Tyrann, dem
fich euer Staat unterwarf, in der Folge der
Zeit die Gewalt mißbraucht habe, die ihr ihm
fchenktet. Deswegen leidet er nun theils wirk=
lich feine Strafe, theils mag fie ihm noch
werden. Aber wer kann euch Bürge feyn,
daß ihr unter euren jetzigen Umftänden die
verdiente Strafe ihm anzuthun vermögt?
Freylich, wenn ihr ohne große Gefahr und
Mühe ihm ganz entgehen, oder wenn er und

die Seinen so leicht wieder ihren alten Platz
behaupten könnten; dann würde man wohl
etwas anders rathen müssen, als was ich euch
rathen werde. Erinnert euch aber, wie oft
ihr auf beyden Seiten die Hoffnung hattet,
daß ihr nun nur noch einen kleinen Schritt zu
thun hättet, um auf den Punkt zu kommen,
wo ihr alles nach eurem Sinn einrichten könn=
tet? Aber wie vieles, wie unübersehliches
Elend hieng an dem kleinen Schritt, und noch
seht ihr kein Ende. Vielmehr scheint jedes
überstandene Leiden nur der Anfang zu einem
neuen zu seyn; und in dem unseligen Kampf
wird zuletzt der Aristokrate mit dem Demokra=
ten zu Grund gehen, und aller Wahrschein=
lichkeit nach das Geschlecht der Griechen in Si=
zilien unter Punische und Opische Herrschaft
gebändigt werden.

Jedem Griechen ist daran gelegen, ein
solches Unglück zu verhüten. Wer demnach
etwas bessers und etwas schicklicheres zu sagen
hat,

hat, als ich, der sage es, und ihn soll der
ehrenvolle Nahmen eines Griechenfreundes
lohnen. Was aber mir das beste für euch
insgemein, und der Gerechtigkeit am gemäße=
sten scheint, das will ich mit aller Freymüthig=
keit sagen, und gleich einem Schiedsrichter
zwischen den Tyrannen und den Tyrannen=
feinden, einem jeden rathen, was ich schon
längst gerathen habe.

Was also den Tyrannen betrift, rathe ich
einem jeden, der diesen Nahmen trägt, daß
er ihn ablege den Nahmen, und mit ihm zu=
gleich die Werke der Tyrannen, und daß er
seine Gewalt monarchisch mache, wenn er
kann. Das kann aber ein jeder, wie uns
das Beyspiel des rechtschaffnen und wahrhaf=
tig weisen Lykurg beweist. Denn als dieser
sahe, daß die ehemaligen Monarchen von Ar=
gos und Megene sich zu Tyrannen aufwarfen,
und dadurch sich und ihren Staat zugleich ver=
darben, da errichtete er, um sein Geschlecht

P

und sein Vaterland zu retten, den spartanischen Senat und das Ephorat, welche die monarchische Form erhalten sollten, und sie auch
in dem Volk zu seinem Ruhm erhalten haben. *)    Denn nun regierte das Gesetz die

*) Zu Plato's Zeit glaubte man noch Herodots Erzäh-
lung, welcher auch Xenophon folgte, daß Lycurg
die Ephorn eingesetzt habe. Schon Aristoteles schreibt
aber diese Einrichtung dem Theopompus zu, der uns
gefähr 100 Jahre nach dem Lykurg lebte. Vielleicht
hat Theopompus die Einrichtung des Lykurgs nur
erweitert, oder Herodot hat, wie es zu geschehen
pflegt, die ganze politische Verfassung von Lacedä-
mon dem zugeschrieben, der sie zuerst begründet hat.
Das weise Wort aber, welches Theopompus seiner
Königin bey dieser Gelegenheit gesagt hat, ist von
allen Schriftstellern bey dieser Gelegenheit dem Aristoteles nachgeschrieben worden, und doch ist es noch
nicht bis in die Cabinette unsrer Regenten gekommen. Die Königin warf nämlich nach Art der Weiber, welchen jede Aufopferung immer schwerer wird,
ihrem König vor, daß er durch Einführung der
Ephorn die königliche Gewalt geschwächt habe. Er
aber antwortete: Verstärkt habe ich sie, weil ich
sie dauerhafter gemacht habe. — Vielleicht hätte er
ihr auch noch sagen können: Sey ruhig, ich habe
die Ephorn nicht mir und den Königen von Sparta,
sondern ich habe sie nur unsern Ministern und Ge-
heimenräthen und Dienern entgegengesetzt; und ist
es nicht besser, daß das Volk uns leite, für welches
wir da sind, als daß unsre Diener uns regieren,
die nur für uns da sind.

Menschen; nicht die Menschentyrannen das
Gesetz.

Und also ist denn nun auch die Summe
meines Rathes, daß diejenigen, welche nach
der Tyranney streben, dieses Glück, das nur
den in ihrer Gierigkeit nimmersattlichen Thoren schmeicheln kann, ärger fliehen als den
Tod; vielmehr, wann sie es erreichen, ihre
Tyrannengewalt zur Monarchie umformen,
und Staatsgrundgesetze annehmen sollen, denen sie sich unterwerfen, und unter welchen
nicht allein ihre Unterthanen ihnen mit bestem
Willen gehorchen, sondern auch sie selbst auf
die erste Stufe menschlicher Ehre steigen
werden!

Aber eben so rathe ich auch denen, welche
nur immer nach Freyheit, Freyheit schmachten,
und das Joch der Knechtschaft als das größte
Uebel fliehen, denen rathe ich, sich zu hüten,
daß sie nicht aus einem unreifen, unbesonne-
nen Drang zur Freyheit in das Elend ihrer
Voreltern fallen, die aus einer grenzenlosen

Liebe zur Freyheit sich in die fürchterlichste
Anarchie gestürzet haben. Denn euer sizilia-
nisches Volk, das vor dem alten Dionys und
dem Hipparinus die Staatsgewalt in der
Hand hatte, das hielte sich wohl für sehr
glücklich, als es in dem Taumel seiner
Schwelgereyen seinen eigenen Obrigkeiten ge-
biethen konnte. Damals huben sie den Rath
der Zehnmänner auf, der vor dem Dionys
den Staat verwaltete, und richteten ohne Gesetz nach bloßer Willkühr, damit sie ja niemand, selbst nicht dem Gesetz und dem Recht
zu gehorsamen brauchten, sondern überall
von allem frey wären. Und gerade diese un-
bändige Freyheit machte sie zu Sklaven des
Tyrannen. Denn sowohl die Unterwürfig-
keit als die Freyheit ist das größte Uebel des
Menschen, wenn eins oder das andere keine
Schranken kennt. Jedes in seinen Grenzen
ist sein größtes Heil! Die Götter herrschen
mit Maas; aber, wo der Mensch herrscht,
kennt er keins. Gott ist dem Weisen sein

Gesetz; seine eigene Willkühr ist das Gesetz des Thoren! *)

P. 3

*) Es ist merkwürdig, daß zu der Zeit des trojanischen Kriegs und eine kurze Zeit hernach beynahe eine jede der polirten griechischen Nationen von Königen regiert wurde, und daß, so lange diese Könige Hirten ihres Volks waren, wie Homer sie immer nennt, das Volk ihnen mit Treue und Ehrfurcht als Göttersöhnen anhieng. Kurz nach diesem trojanischen Krieg änderte sich die Meinung des Volks, wie sich die Sitten der Könige änderten, und jedes seufzte nach der Demokratie, bis zu der Zeit des Peloponnesischen Kriegs. Kaum aber merkten da die Völkerschaften, wie unzuverlässig auch diese Regierungsart wäre, als wieder selbst die feinsten Philosophen, wie hier Plato, und Aristoteles in allen seinen politischen Schriften, für die Monarchie und irgend ein Ideal von Aristokratie, welche sie sich nicht als Regiment des Adels, sondern als Regiment der Besten dachten, zu erklären anfiengen. Eben diese Bemerkung können wir auf die römische Geschichte anwenden, wenn wir sehen, wie dieses Volk von der Monarchie zur falschen, nämlich zur Adel=Aristokratie, von dieser zur Demokratie, und von dieser wieder zur Monarchie übergieng. Das merkwürdigste ist aber, daß selten und so viel ich mich jetzt erinnere, keine Nation diesen Kreislauf zweymal machte. Wenigstens hörte Griechenland und Rom auf, Nation zu seyn, als diese beyden Völker zum andernmal aus der monarchischen Verfassung zu der Demokratie zurücktreten wollten; jene nach der Niederlage des Perseus, diese nach Cäsars Tod. Selbst Syrakus machte diese Erfahrung. Es scheint also der Rath, den Plato hier

Auf diese Grundsätze nun, die in der Natur der Dinge liegen, gründe ich meinen Rath, und ich bitte die Freunde des Dion, ihn als einen gemeinschaftlichen Rath von ihm und von mir aufzunehmen; denn in der That, ich drücke nur das mit Worten aus, was er selbst, wenn er noch lebte und vor euch stünde, euch selber sagen würde.

Und was würde er sagen? Merket auf, und hört!

O ihr Syrakusaner, würde er sagen, bemühet euch vor allen Dingen solche Gesetze zu finden, welche nicht den Zweck haben, euern Geist blos auf Handel und Geld und auf die Wollüste des Lebens zu kehren, sondern gedenket, daß drey Dinge sind, für die ihr sorgen müßt; für eure Seele, für euren Leib, und dann auch für euer Vermögen. Unter

giebt, wenigstens so weit sehr weise, daß die Syrakusaner keine Demokratie mehr, sondern nur eine auf Grundgesetze beschränkte Monarchie einführen sollten.

diesen gehört der Seele die erste Sorge, die zweyte dem Leib, denn er ist ihr unterworfen; auf die dritte und letzte endlich darf das Vermögen Anspruch machen, denn das ist nur da um beyder willen. Werdet ihr nach dieser Ordnung eure Gesetze einrichten, dann kann es nicht fehlen, daß sie nicht gut ausfallen, und euch wahrhaftig glücklich machen sollten. Zwar sagt man, die Reichthümer machten glücklich; aber das ist ein thörigtes Wort, und nur Kinder sagens und Weiber, und Weiber und Kinder werden die, die ihm trauen. *)

P 4

*) Es ist eine alltägliche Bemerkung, daß in den Cabinetten der Großen meist nur die Finanzen und das Soldatenwesen und die auswärtigen Geschäfte alle Sorge der Regenten an sich zieht, und an einigen großen Höfen habe ich bemerkt, daß man diejenigen Minister und Räthe, die man unthätig machen wollte, oder auf deren Fähigkeit man wenig hielte, zu dem Fach des Studienwesens, oder der Kirchensachen, manchmal auch der Justizsachen verwies. Die Geschichte der Europäischen Staatseinrichtungen macht diese Ordnung der Dinge, welche die Platonische umzukehren scheint, sehr begreiflich; aber es würde zu wünschen seyn, daß ein Mann von Erfahrung und Einsicht das politische Problem, welche Ordnung die beste ist, aufzulösen sich bemühte

Wenn ihr mir folgt, und euer Leben nach
solchen Gesetzen einrichtet, dann werdet ihr
durch die Erfahrung selbst euch überzeugen,
daß ich wahr rede; denn die Erfahrung ist der
beste Richter in allen Dingen. Habt ihr nun
einmal solche Gesetze festgesetzt, so seht, in
welchem Zustand ihr euch jetzt befindet: Weder ganz Sieger, noch ganz besiegt. Unter
solchen Umständen, dünkt mich, sollte es nun
wohl am gerechtesten und am nützlichsten seyn,
wenn ihr einen Mittelweg träfet, und eine
Staatsverfassung errichtetet, bey welcher beyde
Parteyen, sowohl die, welche alle Obergewalt
verabscheuen, als auch diejenigen, welche sie
wieder in ihre Hand zu bringen trachten,
sich begnügen könnten. Die letztere dieser beyden Parteyen hat doch im Grund auch ein
Recht, über eure Staatsverfassung mit zu
reden, da es nicht zu leugnen ist, daß sie durch
ihre Vorfahren den Staat selbst aus der Hand
der Barbaren gerissen haben. Denn wäre
der Staat damals zu Grunde gegangen, so

wäre ja auch jetzt für ihn nichts mehr zu hoffen. Gebt also nun jenen die Freyheit, aber unter der Hand der Monarchie, und diesen gebt die Gewalt, aber die beschränkte monarchische, untergeordnet den Gesetzen, die den Bürger, aber auch den Monarchen zähmen, wenn er sie übertreten will. Nach diesen Grundsätzen nun wählt, ohne Arglist, und in vollem Zutrauen, unter der Leitung der Götter, euch eure Könige. Zuerst meinen Sohn *) aus Dankbarkeit, die er zweyfach von euch verdienet hat. Einmal meinetwe-

P 5

*) Der Sohn des Dion hatte sich, vor seines Vaters Tod schon, von dem Fenster hinuntergestürzt, weil er die Zucht nicht ertragen konnte, womit Dion ihn bessern wollte. Dieses wuste wahrscheinlich Plato nicht. Einige wollen den Hipparinus, von dem Plato gleich spricht, für einen Sohn des Dions halten; aber das war er nicht, sondern dieser war ein Sohn des ältern Dionys wie aus dem, was Plato hier über ihn sagt, schon erhellt. Den jungen Sohn des Dions, den seine Frau gleich nach seinem Tod gebahr, und der kurz hernach nebst seiner Mutter durch Verrätherey in das Meer gestürzt wurde, konnte Plato auch nicht meinen, weil er am Schluß dieses Briefs von dessen Einwilligung

gen, und dann zum andern meines Vaters
wegen; denn dieser hat das Vaterland zu seiner Zeit von den Barbaren, ich aber habe es
nun zweymal von seinen Tyrannen befreyt,
wie ihr alle mir das Zeugniß geben müßt.
Zum andern König bestellt den Sohn des Dionys, der meines Vaters Nahmen trägt. Er
hat diesen Vorzug sowohl wegen des Beystan-
des, den er euch nun leistet, als auch wegen
der Rechtschaffenheit seines Charakters verdient; da er, des Tyrannen Sohn, dennoch
so eifrig für eure Freyheit kämpft, und dadurch sich und seinem Geschlecht für ewige Zeiten einen Nachruhm erwirbt, der glorreicher
ist, als der übernächtige und rechtlose Besitz
der Tyranney. Diesen beyden setzt, durch
gütliche Uebereinkunft beyder Theile, den Feldherrn eurer Feinde, den Dionysius dem Sohn

in die neue Regierungsform spricht, die ohnehin
bey einem Kind nicht Platz findet. Mir scheint es
also am wahrscheinlichsten, daß Plato von dem
traurigen Tod des ältern Sohns des Dions nichts
wußte.

des Dionyſius *) bey; vorausgeſetzt, daß er
ſich den Grundgeſetzen eurer neuen Monarchie
unterwirft, welches er thun wird, wenn er
denkt an die Unbeſtändigkeit des Schickſals
und an ſeinen Wechſel, und wenn er noch einiges Gefühl des Mitleidens für ſein Vaterland, für die verwaiſten Tempel, für die
Gräber ſeiner Voreltern hat, und nicht lieber
alles und alles zu Grund gehen laſſen, und
am Ende ſelbſt in die Gewalt der Barbaren
fallen will.

Wollt ihr nun dieſen drey Königen entweder eben die Geſetze vorſchreiben, unter welchen die Lacedämoniſchen Könige ſtehen, oder
wollt ihr lieber ſie noch enger einſchränken,
und etwas anders über ihre Regierungsgewalt
gemeinſchaftlich feſtſetzen; ſo macht es ungefähr auf die Art, wie ich euch ſchon geſagt
habe, und nun noch einmal ſage.

*) Plato verſteht wohl hier den vertriebenen Tyran-
nen ſelbſt; denn ich finde nicht, daß dieſer außer
dem Hipparinus, welcher ſich zu den Freunden des
Dion geſchlagen hatte, noch einen Sohn gehabt hätte.

Wenn die Familie des Dionysius und Hipparinus zum Beßten eurer ganzen Insel die Waffen niederlegen, dem Elend, das euch jetzt überall umgiebt, ein Ende machen, und sich mit der Ehre, die ihr ihnen für jetzt und für die künftige Zeit anbietet, begnügen will; so setzt vor allen Dingen eine Gesandschaft von beyden Theilen nieder, welche den Frieden schließe, wozu ihr Inländische, oder Fremde, oder von beyden, und so viele als ihr miteinander ausmacht, wählen mögt. Diese laßt dann die Grundgesetze entwerfen, und eine Staatsverfassung festsetzen, in welcher die Könige zu Vorstehern des Gottesdienstes, der Opfer und der Feyerlichkeiten, die etwa sonst noch denen, welche euer Staat als seine Wohlthäter verehrt, zukommen, bestellt werden. Neben diesen sollte mit Beystimmung des Raths und des Volks ein besonderer Rath von ungefähr 35 Personen angeordnet werden, der über die Gesetze wachte, und alles was Krieg und Frieden beträfe, unter

ich hätte. Ein anderer Senat sollte die Ge-
richte in gemeinen Rechtshändeln verwalten.
Zu den Gerichten über Verbannung und Tod
sollte eben der Rath der 35 bestellt, und demselben noch andere Richter zugegeben werden;
aus denjenigen, welche zunächst aus ihren
Aemtern getreten wären, und zwar aus jeder
Beamtung immer einer, der seine Stelle am
besten verwaltet hätte; und diese sollten ein
Jahr lang mit dem Rath über die Verbrechen, die den Tod verdienen, über Aufruhr
und die persönliche Freyheit der Bürger richten. Von diesen Gerichten aber sollten die
Könige immer ausgeschlossen bleiben, damit
sie, wie die Priester, rein bleiben vom Blut
der Bürger, und keinen Antheil an dem Urtheil der Gefangenschaft und der Verbannung
haben.

So lang ich lebte, hielt ich eine solche
Einrichtung für die beste, und noch denk ich
eben so; und hätten fremde Verräther mich
nicht gehindert, so hätte ich sie, so wie ich

unfre Feinde befiegt hatte, gewiß unter euch
eingeführt. Nachher wollte ich, wenn mir
alles nach meinem Wunfch gegangen wäre,
die Städte Siziliens wieder aufbauen, und
ihre alten griechifchen Einwohner wieder dahin berufen; die Barbaren aber, ausgenommen diejenigen, welche uns gegen die Tyrannen beygeftanden haben, wollte ich dann ganz
von der Infel vertreiben.

Und das, eben das ift es, was ich euch
nun allen zu überlegen gebe, was ich euch zu
thun rathe, und worauf ihr alles anzulegen
habt, und wer euch in dem entgegen ift; den
feht an als einen Feind eures Staates. Ihr
könnt auch das alles ohne große Mühe ausführen. Denn was nur von zween Köpfen
abhängt, und was diefen fo leicht als das
Befte erfcheinen wird, das kann man mit
Vernunft nicht für unmöglich halten: Ich
meine nämlich die zween, den Hipparimus,
den Sohn des Dionys und den mein-

gen. *) Denn, willigen diese ein, so werden alle andere Syrakusaner, welchen der Staat nur noch etwas am Herzen liegt, wohl eben so denken.

Und nun nahet euch den Göttern mit Gebet, und denen, welchen ihr nach den Göttern Ehrfurcht schuldig seyd, und ruft eure Freunde, und redet freundlich mit euren Feinden, und ruht nicht, bis ihr das, was wir euch jetzt gesagt haben, gleich göttlichen Träumen, die sich den Wachenden offenbarten, glücklich und muthig ausgeführt und standhaft vollendet habt.

*) Plato scheint hier zu vergessen, daß er vorhin drey Könige bestellt haben wollte, und daß seiner Meinung nach die beyden Hipparine, Dions und Dionosens Söhne, auf einer Seite standen, Dionys auf der andern. Es hätten also alle drey überredet werden müssen. Es wäre dann, daß er geglaubt hätte, wenn nur diejenigen, welche an der Spitze der Freunde des Dions standen, seinen Plan billigten, daß alsdann Dionys wohl werde zufrieden seyn müssen. Dieser Brief muß übrigens nach dem Tod des Calippus geschrieben worden seyn, welcher nach Dions Fall sich selbst zum Tyrannen von Syrakus aufwarf, und welchem erst Hipparinus folgte.

# Achter Brief.

(In der gemeinen Sammlung der fünfte.)

## Plato an den Perdiccas. *)

Ich habe, wie du verlangtest, dem Eu-
phräus gerathen, sich ferner mit den Geschäften, die er für dich übernommen hat, abzugeben; auch halte ich mich für verbunden, den
Rath der Freundschaft, in dem, wie man
sagt, etwas heiliges ist, sowohl über das,
was du sonst verlangst, als insbesondere darüber, wie du diesen Mann am besten brauchen kannst, dir nicht vorzuenthalten. Denn
nützlich kann dir derselbe allerdings in vielen
Rücksichten werden, insbesondere aber wird
er es dir in einem Punkt seyn, wo es dir
jetzt am meisten fehlen wird, theils wegen
deiner Jugend, theils weil junge Regenten
gerade in diesem selten gute Rathgeber finden.

Jede

*) Vermuthlich Perdiccas der dritte, König von Ma-
cedonien.

Jede Regierungsform hat, wie jedes
Thier, eine Art von eigner Sprache. Anders spricht die Demokratie, anders die Oligarchie, und wieder anders die Monarchie.
Diese Sprachen alle glaubt ein jeder zu verstehen, aber nur wenige sind es, die sie in
ihrer Gewalt haben. Welche Regierungsform
nun die ihr eigne Sprache, sowohl gegen die
Götter als gegen die Menschen spricht, und
auch so handelt wie sie spricht, die wird blü-
hen und sich lange erhalten. Nimmt aber
eine die Sprache der andern an, so geht sie
unfehlbar zu Grunde. Diese Sprache zu
führen, dazu wird nun Euphäus, der auch
sonst ein wackerer Mann ist, sehr geschickt
seyn. Und zuversichtlich hoffe ich, daß er so
gut als einer an deinem Hof zu finden wissen
wird, wie die Monarchie sprechen muß. Dazu gebrauche ihn also, und sicher wirst du und
er davon großen Vortheil haben.

Q.

Aber, wer das hört, wird vielleicht sagen, Plato giebt sich, wie es scheint, das
Ansehen, als ob er wisse, was wenigstens in
der Demokratie gut und nützlich ist, und doch
ist er in derjenigen, in welcher er lebt, und
in welcher er reden und rathen könnte so viel
er wollte, noch nicht ein einzigmal aufgestan-
den, um nur ein Wort zu reden.

Wer das sagt, dem kann man antworten: Plato ist zu spät in dem Volk gebohren
worden. Sein Vaterland ist zu seiner Zeit
schon veraltet, und von denen, die vorher gerathen haben, an zu viele Dinge gewöhnt
worden, die dem entgegen sind, was er zu
rathen hatte. Wäre das nicht, wie gern
würde er seinem Staat wie seinem eigenen
Vater gerathen haben. Nun aber sieht er
zu gut, daß er sich vergebens in Gefahr stürzen, und daß doch alles gehen würde, wie
es geht. Nichts würde also mein Rath nutzen, und fühlten wir vollends, daß wir uns

heilbar sind, so würde man mich ohnehin laufen lassen, und meinen Rath noch überflüssi-
ger finden. *)

*) Daß diese Stelle verdorben und wohl unheilbar sey,
haben mehrere gesehen. Um ihrer willen traute ich
mir aber den Brief nicht mit Stephanus für uns
ächt zu erklären, da Cicero eine charakteristische
Stelle daraus anführt in dem 1. B. 9. Br. ad Fa-
miliares. Auch dünkt mich ist der Uebergang von
dem Plato als dritte Person, auf ihn selbst, in der
ersten, im Briefstyl zumal, nicht zum Beweis gegen
die Aechtheit des Briefes anzuführen. Meine Uebersetzung sagt, was Plato sagen konnte, weil ich
nicht verstande, was er sagen wollte.

# Neunter Brief.

## Plato an den Hermeas, Erastus und Coriskus.

Die Gottheit scheint mir aus huldvoller Liebe euch ein vorzügliches Glück bescheert zu haben, wenn ihr es gut zu benutzen wißt. Ihr wohnt so nahe beysammen, und seyd auch zugleich einer dem andern in den wichtigsten Dingen des Lebens so nöthig. Dem Hermeas würde weder ein Beystand einer Armee an Reuterey und Fußvolk, noch ganze Haufen Goldes so wichtig und zu jedem Wunsch seines Lebens so nöthig seyn, als Freunde guter Sitten, auf die er sich verlassen kann; und der Erast und Coriskus haben zu ihrer schönen Gestalt, ich muß es sagen, so alt ich bin, einen weisen Führer nöthig, der sie hüte und schütze gegen die Verführungen der Lasterhaften und Nichts-würdigen. Denn, da sie so lang unter uns

guten und rechtschaffnen Menschen gelebt ha=
ben, konnten sie keine Erfahrung des Bösen
erwerben, und deswegen ist ihnen der Bey=
stand der Weisen so nöthig, damit sie fest an=
hangen an der wahren Weisheit, und nicht
verführt und hingerissen werden, sich zu=
viel mit dem abzugeben, was die Menschen=
klugheit fordert, die freylich auch so nöthig ist.
Einen solchen Beystand kann aber niemand
ihnen besser leisten, als Hermeas, der, wenn
jemand schon von Natur so weise ist, und der
durch seinen Fleiß und seine Erfahrung noch
seine angeborne Weisheit so sehr vermeh=
ret hat.

Was soll ich euch also nun sagen? Dir,
Hermeas, sage ich, und schwöre ich, und be=
zeuge ich, daß du nirgend treuere Nachbarn
finden wirst, die deines Vertrauens würdiger
wären, als den Erast und den Coriskus, die
ich wohl und besser kenne als du. Ich rathe
dir also, diese nicht nur obenhin, sondern mit
aller Wärme der Freundschaft und der Liebe

an dich zu ziehen. Dem Erast und Coriskus
aber rathe ich, des Hermeas Liebe herzlich zu
erwiedern, und durch gegenseitige Liebe das
Band der vollkommensten Freundschaft zu
schließen. Wenn aber einer unter euch diese
eure Freundschaft irgend einmal (denn menschliche Dinge sind nie ganz sicher) zu trüben
schien; so schreibt mir und meinen Freunden,
was ihr irgend gegen einander habt. Denn
wenn es nicht etwas sehr wichtiges ist, das
eure Freundschaft trennt, so hoffe ich, daß
mein Zureden, gegründet auf das was anständig und recht ist, gleich einem Zauberlied,
euch dann nur noch enger und wärmer mit
einander vereinigen werde, als ihr es gewesen seyd. Und diese eure Vereinigung wird
dann, wenn ihr dort und wir hier, wie es
die Kräfte unserer Seele verstatten, mit einander fortphilosophiren, unsere Grundsätze,
unter denen wir nun, wie unter Göttersprü-
chen, Götterwahrheit ahnden, zur völligen
Gewißheit erheben; wo nicht — doch, das

sage ich nicht! Ich will nur gutes weissagen, und meine Weissagung wird, wenn es den Göttern gefällt, nur Gutes geben!

Diesen Brief müßt ihr alle drey lesen, und zwar wenn ihr könnt, zusammen; wo nicht, so leset ihn wenigstens so oft es euch möglich ist, und verbindet euch durch ein heiliges unverbrüchliches Gesetz zu allem, was recht und gut ist. Verschwört euch dabey zum gemeinschaftlichen Fleiß in der Arbeit des Geistes und der Wissenschaft seiner Schwester, und das gelobt Gott, dem Herrn aller Dinge, dem Urquell, dem Vater, dem Herrn aller Gegenwart und Zukunft, den wir, wenn wir uns mit reinem Herzen der Philosophie heiligen, ganz erkennen werden, so weit die seligen Menschen sich ihm nahen können. *)

Q 4

*) Schon lange hat man behauptet, daß dieser Brief von den Platonischen Christen wäre untergeschoben worden; vermuthlich weil die ältern Kirchenväter auch darin Spuren von der Lehre der Dreyeinigkeit finden wollten. Ich kann weder diese Spuren in diesem Brief entdecken, noch etwas, das einen

# Zehnter Brief.

(In der gemeinen Sammlung der neunte.)

## Plato dem Archytas von Tarent.

Archippus und Philonides sind zu mir gekommen, und haben mir die Briefe, die du ihnen mitgegeben hast, und Nachrichten von

solchen Argwohn begründen könnte, und das Zeugniß der Alten, unter welchen Diogenes diesen Brief neben den andern anführt, scheint mir einen solchen Verdacht hinlänglich zu widerlegen. Dennoch tritt Herr Tiedemann demselben bey, weil, wie dieser Gelehrte sich ausdrückt, der Brief in einem Betschwester Ton geschrieben wäre. Feyerlich ist der Ton allerdings, aber nichts, das diesen Namen verdiente, finde ich darin. Sollte denn unser Jahrhundert so tief gesunken seyn, daß uns schon ein jeder Hauch von Himmelsluft anekelte? Die drey Freunde, an welche Plato schreibt, scheinen an seinen innern und geheimern Spekulationen über die Gottheit und die höhern Wesen Antheil genommen zu haben; die Wärme und die Feyerlichkeit, womit Plato ihnen in Anspielung auf diese Betrachtungen schreibt, scheint mir also sehr an ihrem Platz zu seyn; und ein gefühlter Enthusiasmus für etwas hohes, edles, schönes und gutes, der sich so sehr an seiner rechten Stelle äußert, verdient doch wohl den trivialen Spottnahmen nicht, der bey dieser Gelegenheit dem Herrn Tiedemann in der frostigsten aller frostigen Launen entfallen ist.

dir gebracht. Ihre Staatsgeschäfte, die
ohnehin auch nicht sehr mühsam waren, haben sie bald ausgerichtet, von dir aber haben
sie mir gemeldet, wie wehe es dir thue, daß
du von den Staatsgeschäften dich nicht los-
machen kannst. Freylich ist es wünschens-
werth in dem Leben, nur mit sich zu thun zu
haben, zumal wenn man seine Zeit so anwenden möchte, wie du es wünschest. Aber du
mußt doch auch gedenken, daß wir nicht allein
für uns da sind, sondern daß auch unser Vaterland, unsre Eltern und Verwandten und
unsre übrigen Freunde gerechte Ansprüche
auf uns zu machen haben. Auch muß man
den Umständen, die unser Leben leiten, sich
unterwerfen, und wenn das Vaterland uns
ruft, Hand an das gemeine Wesen zu legen,
so wäre es unanständig, ihm nicht zu gehorchen; zumal da so viele schlechte Menschen, die das Beste des Vaterlandes nicht
vor Augen haben, sich so leicht der leeren

Q 5

Stellen bemächtigen. *)    Doch genug von
dem.    Für den Egekratus werde ich nun und
auch in der Zukunft sorgen, sowohl deinetwe-
gen, als wegen des Phrynio, seines Vaters,
und in der That auch, weil es der Jüngling
selbst verdient.

*) Plato scheint hier seinen Grundsätzen zu widerspre-
chen. Aber vermuthlich war Tarent damals noch
nicht so schlecht, als es etwa einhundert Jahre hernach wurde, und der Einwurf, daß, wenn sich die
Gutgesinnten der Staatsgeschäfte entziehen, ihre
Plätze mit lauter Schlechten gefüllt werden, ist nur
dann richtig, wenn die Guten das verhindern können. Ist es aber mit einem Staat schon einmal
so weit gekommen, daß die Schlechten das Ueberge-
wicht haben, und selbst die Guten mit sich fortrei-
ßen, wie Cato selbst, als er die ungerechte Besitz-
nehmung von Cyprus übernahm, durch den Clodius
und seine Parten, und als er das Volk bestechen
half, um den Bibulus zum Consul zu machen, von
dem halben Senat fortgerissen wurde, dann ist auch
selbst dieser Einwurf denen, die sich dem Staat entziehen, nicht entgegen.

## Eilfter Brief.

(in der gemeinen Sammlung der zehnte.)

## Plato an den Aristodorus.

Ich höre, daß du nun einer der innigsten
Freunde des Dions bist, und daß du bisher
immer einen Charakter und eine Weisheit der
Sitten gezeigt hast, wie die Philosophie sie
am meisten fordert. Denn die Zuverläßig-
keit, die Treue, die Reinheit und Gesundheit
der Seele, das halte ich für die ächte Philosophie; alle andere Künste und Kunststückchen,
die auf etwas anders gehen, die kann man,
denke ich, wohl mit Recht nur Zierrathe nennen. Lebe wohl, und beharre in deiner Tugend wie du darinnen beharrst.

————

# Zwölfter Brief.

### ( in der gemeinen Sammlung der eilfte. )

## Plato dem Laodamas. *)

Ich habe dir schon einmal geschrieben, daß es dir zu dem Endzweck, wovon du schreibst, sehr verträglich wäre, wenn du selbst zu uns

---

*) Laertius erwähnt zwar eines Briefes des Plato an den Laodamas, und derjenige, welchen ich hier übersetze, ist Plato's nicht unwürdig. Dennoch zweifle ich an seiner Aechtheit. Denn, 1) kennt, soviel ich weiß, niemand den Laodamas, an welchen er geschrieben seyn soll. 2) führt auch, soviel ich weiß, niemand die Einladung des Plato, worauf dieser Brief antwortet, an, obgleich die der Arkader, der Thebaner, der Cretenser, der Elder angeführt wird. 3) muß Plato damals, da er diesen Brief geschrieben haben soll, man mag seine Geburt in die 87 oder 88te Olympiade setzen, noch lange nicht 30 Jahre alt gewesen seyn, weil er bey des Sokrates Lebzeiten soll geschrieben worden seyn. Damals war aber gewiß sein Ruf nicht so groß, noch scheint es mir wahrscheinlich, daß er damals schon so reif über diese Dinge geschrieben haben sollte, noch würde er seine schwächliche Gesundheit und sein Alter als einen Grund, warum er die Reise, die an ihn verlangt wurde, nicht zu übernehmen wage, angeführt haben. Wollte man zwar unter dem Socrates, dessen dieser Brief gedenkt, hier den jüngern Socrates verstehen, wie Herr Tennemann vorschlägt, so würde die letzte Schwierigkeit gehoben seyn. Allein

nach Athen kommen wolltest. Freylich würde,
da du das nicht kannst, nach diesem nichts
besser seyn, als wenn nach deinem Verlangen
Sokrates zu dir käme, oder ich. Allein
Sokrates ist nun krank, und mir würde
es nicht anständig seyn, wenn ich käme, und
doch das nicht ausführen könnte, was du verlangst. Und vieles hoffe ich in der That nicht
davon, aus mehrern Ursachen, die aber einen allzulangen Brief erfordern würden,
wenn ich sie ganz ausführen wollte. Außerdem würde in meinem Alter auch meine Gesundheit, die ohnehin sehr wankend ist, eine
solche Reise und die Gefahren zu Wasser und

man weiß dann doch von diesem Socrates zu wenig, als daß man hier eine solche Vermuthung für
mehr als eine Möglichkeit halten könnte, und die
übrigen Schwierigkeiten bleiben dann doch immer
in dem Weg liegen. Sey ihm indessen wie ihm
wolle; so ist der Brief immer für unsre neuen So-
lone, an welchen wir so reich sind, sehr wichtig;
mich aber wird er sehr trösten, wenn ich es, wie
ich jedoch nicht vermuthe, etwa einmal bedauern
sollte, daß ich mich bisweilen bemüht habe, den Eifer der modernen Gesetzgeber eben dahin lenken zu
wollen, wo dieser Brief den Lacdamäs hindeutet.

zu Land, die ohnehin jetzt überall zu befürch=
ten sind, nicht ausstehen.    Indessen will ich
dir und deinen Colonisten etwas sagen, das
freylich, wie Hesiod sich ausdrückt, euch wi=
drig scheinen wird, und übel zu begreifen.
Denn, wenn ihr glaubt, daß die Gesetze al=
lein, wären sie auch noch so gut, hinlänglich
wären, einen Staat in Ordnung zu bringen,
ohne Aufsicht auf die Sitten der Bürger und
der Knechte in ihrem täglichen Leben, daß sie
diese weise und gut einrichten und erhalten,
wenn ihr das glaubt, so irrt ihr sehr.    Habt
ihr nun jemand, dem ihr diese Aufsicht an=
vertrauen könnt, dann gebt sie ihm, und er
wird das alles einrichten.    Müßt ihr aber erst
jemand zu dieser Aufsicht erziehen lassen, dann
fürchte ich,  wird es euch an beyden fehlen,
an Erziehern und an Eleven.

Bittet also jetzt nur die Götter um ihren
Beystand.    Denn beynahe alle Staaten sind
eben so wie eure Colonie entstanden, und erst

nachher sind sie durch den Lauf der Dinge,
wenn wichtige Vorfälle sie ergriffen, Kriege
sie anfochten, oder sonst etwas, das großen
Einfluß hatte, sich ereignete; auf einen guten Fuß gesetzt und wohl eingerichtet worden,
wenn bey solchen Gelegenheiten ein großer
Mann aufstand, der einen mächtigen Einfluß hatte.

Das alles müßt ihr nun voraus überlegen. Bedenket also wohl, was ich sage, und
hoffet nicht, daß ohne Ueberlegung sich so etwas wohl von selbst zu Stand bringen lasse.
Lebt wohl.

## Dreyzehnter Brief.

(in der gemeinen Sammlung der zwölfte.)

### Plato an den Archytas.

Die Erzählung, die du mir geschickt hast,
habe ich mit vielem Vergnügen empfangen,
und ihren Verfasser sehr bewundert. Er scheint

mir in der That seiner großen Vorfahren wür=
dig zu seyn, denn er soll von den Myräern
herstammen, welche die tapfersten der Troja=
ner wären, die, wie die Fabel sagt, unter
dem Laomedon die Waffen ergriffen haben.
Meine Aufsätze, um welche du schreibst, sind
noch nicht ganz ausgearbeitet; doch habe ich
sie dir geschickt.   Daß solche Dinge wohl ver=
wahrt werden müssen, darin sind wir zu sehr
gleichen Sinnes, als daß ich dich deswegen
besonders zu erinnern hätte. *)   Lebe wohl.

*) Der Brief des Archytas, welchen Diog. Laertius
aufbehalten hat, und welcher diese Antwort des
Plato veranlaßt haben soll, lautet so:

Es ist mir angenehm, daß du wieder gesund
worden bist, wie du mir schreibst, und wie ich von
dem Damesbus vernommen habe. Deinen Auftrag
wegen der historischen Nachrichten habe ich besorgt;
auch bin ich nach Lukanien gegangen, und habe die
Nachkommen des Occellus gesprochen. Seine Auf=
sätze über die Gesetze, über die monarchische Regie=
rungsform, über die Frömmigkeit und über die Ent=
stehung der Dinge habe ich selbst gehabt, und dir
einiges davon zugeschickt. Das übrige ist aber nicht
mehr zu haben; sollten sie sich wieder finden, so er=
hältst du sie auch —

| Ordnung der Briefe des Plato in der Ueberſetzung. | | Ordnung in den Ausgaben des Originals. |
|---|---|---|
| 1. | — | 1. |
| 2. | — | 13. |
| 3. | — | 2. |
| 4. | — | 3. |
| 5. | — | 4. |
| 6. | — | 7. |
| 7. | — | 8. |
| 8. | — | 5. |
| 9. | — | 6. |
| 10. | — | 9. |
| 11. | — | 10. |
| 12. | — | 11. |
| 13. | — | 12. |

# Druckfehler

## zu den Briefen des Plato.

Seite X Zeile 9 statt deswegen nicht, lies deswegen,
        nicht

S. 26 Z. 5 nach würde er, setze, sonst.

S. 75 Z. 10 statt wenn, lese wem

S. 92 Z. 3 v. u. statt nun, lese nur.

S. 132 Z. 10 statt könnten, l. konnten

S. 154 Z. 7 statt, wer um Vortheils, l. wer um
        seines Vortheils

S. 222 Z. 4 statt helfen l. hoffen

S. 222 Z. 4 v. u. statt Hiparimus, l. Hiparinus

S. 223 Z. 4. statt besessen l. besaßen.

S. 223 Z. 6 u. 7 statt würde euer Vorfahrer, l.
        würden eure Vorfahren

S. 225 Z. 3 v. u. statt Megene, l. Mezene

S. 226 Z. 6 statt noch, nach

S. 227 Z. 6 statt nimmersättlich, l. unersättlich

S. 234 Z. 6 v. u. statt dem, l. den

S. 245 Z. 11 nach jemanden setze ein Comma.